郭忠仁　莫正海　主编

薄壳山核桃

Carya illinoinensis

江苏凤凰科学技术出版社 · 南京

图书在版编目(CIP)数据

薄壳山核桃 / 郭忠仁等主编. — 南京 : 江苏凤凰科学技术出版社, 2023.9

ISBN 978-7-5713-3614-1

Ⅰ. ①薄… Ⅱ. ①郭… Ⅲ. ①山核桃-农业产业-产业发展-中国 Ⅳ. ①F326.13

中国国家版本馆CIP数据核字(2023)第105742号

薄壳山核桃

主　　编　郭忠仁　莫正海
策划编辑　张小平
责任编辑　韩沛华
责任校对　仲　敏
责任监制　刘文洋
责任设计　刘旭东

出版发行　江苏凤凰科学技术出版社
出版社地址　南京市湖南路1号A楼,邮编:210009
出版社网址　http://www.pspress.cn
照　　排　南京新洲印刷有限公司
印　　刷　南京新世纪联盟印务有限公司

开　　本　889 mm×1 194 mm　1/16
印　　张　20
字　　数　410 000
插　　页　4
版　　次　2023年9月第1版
印　　次　2023年9月第1次印刷

标准书号　ISBN 978-7-5713-3614-1
定　　价　248.00元(精)

编 者 名 单

主　编　郭忠仁　莫正海

副主编　宣继萍　贾晓东　左继林　袁　军　吕运舟
　　　　　翟　敏

编　委　谢　静　刘德英　张计育　王　刚　王　涛
　　　　　巨云为　陈　新　黄金勇　贾展慧　胡龙娇
　　　　　秦亚龙　刘永芝　叶　钞　黄建建　姜晓装
　　　　　贺义昌　陈发军　王春雷　施茂寅　吴长飞
　　　　　李增奎　唐秋庚　龙成根　易米平　黄嵘刚
　　　　　江建平　龙启辉　黄　勇　魏　云　石常磊
　　　　　郁世军　史建军　余方琴　王吉凯　张　楠
　　　　　胡　勇　王宏军　谭传高　罗　凯　王国明

前言

薄壳山核桃是世界上著名的干果树种之一，原产于美国和墨西哥(主要是美国)，又叫美国山核桃。它的商品名为“碧根果”，是其英文名‘Pecan’的音译。薄壳山核桃果大壳薄、出仁率高、仁肉肥厚、质地细嫩、营养美味、富含大脑发育所需的锌和锰元素，是理想的休闲保健食品。薄壳山核桃也是重要的木本油料作物，果仁油脂含量高达70%，油脂中85%以上是对人体健康有益的不饱和脂肪酸。同时，薄壳山核桃也是优良的用材树种，其干形通直，材质坚韧，纹理致密，耐磨并具弹性，能支持连续振动，是钢琴、家具和运动器械等的高级用材，属于核桃木的一种。此外，在园林景观绿化中，薄壳山核桃可以作为上层骨干树种。目前，规模化种植薄壳山核桃的国家共有10个，分布于除南极洲以外的六大洲。我国引种薄壳山核桃已有百余年的历史，目前在安徽、江苏和云南等地有规模化栽培。

薄壳山核桃虽集果用、油用、材用及园林绿化于一体，但要获得好的栽培效益并不容易。目前，我国的薄壳山核桃果园、营造林质量良莠不齐，这主要是苗木质量、种植品种、抚育管理方式等的不同造成的。提高对薄壳山核桃的科学认知是确保生产效益的理论基础，但是市面上仍缺乏系统介绍该树种的书籍。为此，编者对大量的科研成果和生产经验进行了系统总结，形成《薄壳山核桃》一书。全书共九章：第一章，薄壳山核桃概述；第二

章，薄壳山核桃生物学特性；第三章，薄壳山核桃种质资源；第四章，薄壳山核桃品种培育；第五章，薄壳山核桃育苗技术；第六章，薄壳山核桃果园高效栽培技术；第七章，薄壳山核桃人工林建设及园林绿化技术；第八章，薄壳山核桃主要病虫害及其防治；第九章，薄壳山核桃的营养成分及加工利用。内容上，全面涵盖了薄壳山核桃栽培相关的理论和技术，对科研、生产及教学有较好的参考应用价值。

由于作者水平有限，虽经多次修改，但错漏之处在所难免，敬请同行和读者给予指正。

本书出版得到中央财政林业科技推广示范项目（苏[2022]TG11）、江苏省林业科技创新与推广项目（LYKJ[2020]04）和国家自然科学基金项目（31901347）的资助，在此表示感谢。

编　者

2023 年 7 月

目录

第一章 薄壳山核桃概述

薄壳山核桃［*Carya illinoinensis*（Wangehn.）K. Koch］，又名美国山核桃、长山核桃、长寿果、碧根果，为胡桃科（Juglandaceae）山核桃属（*Carya*）植物。它是一种高大乔木，集果用、油用、药用、材用、园林绿化为一体，具有较高的生态效益和经济价值。薄壳山核桃果仁味道香美，富含不饱和脂肪酸和多种对人体有益的微量元素，在民间有“益智果”之美誉，深受消费者的喜爱。近年来，随着我国社会经济的发展，市场上对薄壳山核桃的需求量不断增长，在一定程度上促进了全球栽培产业的发展。

第一节 薄壳山核桃的自然分布

一、起源和发展历程

薄壳山核桃是一种古老的植物，考古学家曾在格兰德河（北美洲第五大河流，流经美国和墨西哥）沿岸的沉积物中发现了其果实和叶片，年代大约在公元前 6 100 年。现代基因组学测序结果表明，薄壳山核桃与山核桃（*Carya cathayensis*）、核桃（*Juglans. regia*）有共同祖先，距今 2 000 万～1 000 万年前薄壳山核桃成为独立的物种。薄壳山核桃自然分布于北美洲的两个国家：美国和墨西哥，以美国为主。

有关薄壳山核桃的历史可追溯到 16 世纪（图 1-1），其英文名为 pecan，该词由“pecanes”演变而来。美洲印第安的一个部落民族——阿尔冈琴族（Algonquin）使用“pecanes”来表示他们秋冬季食用的一种坚果。在阿尔冈琴语中，“pecanes”的意思是“一种需要石头敲开的坚果”。最早有关薄壳山核桃的文字记载，出现在西班牙探险家卡别撒迪·卡瓦（Cabeza de Vaca）的记叙文中。1528 年，西班牙探险家卡别撒迪·卡瓦所在的船只于加尔维斯顿岛失事，他被当地印第安人俘虏，之后，跟着印第安人沿着墨西哥湾沿岸迁徙生活，向西进入“坚果河岸”，位于今美国新墨西哥州的瓜达卢佩（Guadalupe）。1535 年，卡别撒迪·卡瓦返回西班牙，根据记忆写下了有关薄壳山核桃的记载。1538 年 4 月，他在给西班牙王室的文字记载中提到：印第安人秋季迁入“坚果河岸”生活，将坚果（薄壳山核桃果仁）与一些谷物磨碎后，当作他们两个月的主食。印第安人每两年迁入一次“坚果河岸”，因为此类树种通常第一年结果后，第二年就不再结果。卡别撒迪·卡瓦记录文中将薄壳山核桃称为“神奇核桃”。

18 世纪，薄壳山核桃被广泛开发利用并开始人工栽培。1727 年，法国殖民者将果仁糖（praline，17 世纪法国修女发明的一种食品，主要原料为杏仁）引入新奥尔良，作为婚礼上的一种糖果。由于美国杏仁很少，人们改用薄壳山核桃做成果仁糖。1758 年，人们开始将此类糖果在新奥尔良的街道上出售，并受到了当地人的喜爱。最早进行人工栽植薄壳山核桃是在 1772 年，位于美国纽约长岛地区。大约在那段时间，托马斯·杰斐逊（美国第三任总统）在蒙蒂塞洛种植了一些薄壳山核桃，并于 1775 年赠送给乔治·华盛顿（美国第一任总统）几颗树苗。乔治·华盛顿将这些树苗在其住所（芒特弗农宅邸）种植。乔治·华盛顿对薄壳山核桃非常喜爱，认为其非常美味，常常放在口袋中当作小吃。18 世纪 70 年代，法国和西班牙殖民者开始意识到薄壳山核桃具有优良的经济效益。

19 世纪是薄壳山核桃良种化种植阶段。1802 年，法国殖民者开始向西印度群岛出口薄壳山核桃。1805 年，薄壳山核桃出现在伦敦的广告中，广告中指出薄壳山核桃是一种值得关注的作物。1822 年，美国南卡罗来纳州的阿布纳·兰德勒姆（Abner Landrum）成功地进行了薄壳山核桃芽接，但是该技术并没有得到流传。由于薄壳山核桃嫁接具有天然难成活的特点，直到 1846 年，美国橡树庄园（Oak Alley）里的一个非洲裔奴隶安东尼（Antoine）才将优良的薄壳山核桃种质成功嫁接到实生苗砧木上，由此开启了薄壳山核桃良种化种植时代。安东尼将果型大、皮薄的优良单株进行嫁接，大约在 1865 年共有 126 株嫁接树结果。内战结束后，休伯特·博尔扎诺（Hubert Bonzano）成为橡树庄园的农场主。1876 年，在美国民族独立 100 周年展览会（Centennial Exposition）上，休伯特·博尔扎诺向世人展出安东尼培育的无性系果实。此后该无性系被命名为‘一百周年’（‘Centennial’），成为了历史上第一个薄壳山核桃品种。该品种在此后的商业化果园中得到种植，由于其嫁接后的始果期长达 15 年，且产量低，目前‘Centennial’已经不在商品化果园中种植。1876 年，美国开始种植优良品种苗。19 世纪 80 年代开始商业化嫁接繁殖薄壳山核桃。1886 年，薄壳山核桃果仁首次做成碧根果派，至今碧根果派仍是美国广受欢迎的美食。

1905—1925 年，美国南部掀起了一股种植薄壳山核桃的热潮，种植业进入快速发展。薄壳山核桃对得克萨斯州的经济和文化贡献很大，1919 年得克萨斯州将其认定为州树。此后，亚拉巴马州和阿肯色州分别于 1982 年和 2008 年指定薄壳山核桃为官方坚果。2016 年，美国农业部下属的美国薄壳山核桃协会成立。

薄壳山核桃产业发展历程如图 1-1 所示。

二、自然分布

薄壳山核桃自然分布于美国和墨西哥北部。分布范围较广，北可至美国的艾奥瓦州（北纬 42°），南可至墨西哥的瓦哈卡（北纬 16°）。东至密西西比州西部和田纳西州西部，西至堪萨斯州东部和得克萨斯州中部，零星分布在俄亥俄州西南部、肯塔基州和亚拉巴马州的西部边缘。在墨西哥，其自然分布在该国的东北部和中部地区。从地图上看，薄壳山核桃自然分布区集中于北纬 28°～38°，位于美国东南部的密西西比河流域及其支流河谷的冲积平原。

薄壳山核桃自然分布区的无霜期至少是 210 d，主产区的无霜期多在 240～280 d，≥10 ℃的年积温 3 300～5 400 ℃，需冷量（≤7.2 ℃）至少为 100 h，能耐-29 ℃的低温。在分布区内，东南部的年降水量一般为 1 000～1 600 mm，西部和北部干旱地区为 500～800 mm。

三、近缘种

目前，除薄壳山核桃外，我国还有另外 7 种山核桃属植物，包括山核桃、大别山山核桃、湖南山核桃、贵州山核桃、越南山核桃、大糙皮山核桃、小糙皮山核桃。其中，大糙皮山核桃和小糙皮山核桃为引进种，其他 5 种在我国有自然分布。

（1）山核桃（*Carya cathayensis* Sarg.） 该种主要分布在浙皖交界的天目山区，地理位置位于北纬 29°～31°，东经 118°～120°，主要包括浙江省的临安、淳安、安吉、桐庐、富阳、建德以及安徽省的宁国、绩溪等地，生长于海拔 200～1 200 m 的山麓林中或山谷，喜土层深厚、水分条件较好的避风处，以及冬暖夏凉，雨水充沛，空气湿润，较为阴湿的山区环境。

（2）大别山山核桃（*Carya dabieshanensis* M. C. Liu & Z. J. Li） 早期文献认为大别山山核桃是山核桃的一个变种（*Carya Cathayensis* var. dabie shansis），目前多数研究支持其为独立种。该种主要分布在安徽西部大别山系的金寨县天堂寨镇等，尚处于野生状态。

（3）湖南山核桃（*Carya hunanensis* Cheng & R. H. Chang） 该种产于湖南西部，贵州东南、东部，广西等地，分布于海拔约 800 m 的山谷，溪边土层深厚地段。

公元前6100年

考古学家在格兰德河沿岸发现薄壳山核桃种子和叶片的化石。

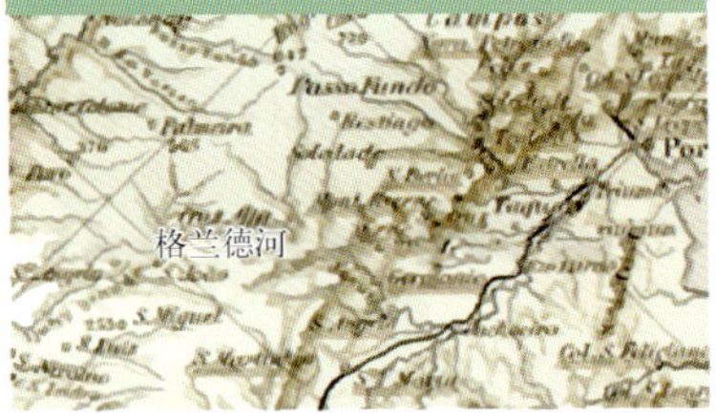

16世纪

美洲原住民常采集薄壳山核桃叶片和树皮作为药用，秋季有1～2个月的时间以其果仁作为主食。

16世纪30年代

西班牙探险家卡别撒迪・卡瓦是第一个记录美洲原住民食用薄壳山核桃的欧洲人。

1758年

新奥尔良的人们对薄壳山核桃做成的果仁糖非常喜爱。

1772年

于美国纽约长岛，首次人工栽植薄壳山核桃。

1775年

托马斯・杰斐逊在蒙蒂塞洛种植薄壳山核桃，并赠送乔治・华盛顿树苗。

1802年

法国殖民者开始向西印度群岛出口薄壳山核桃。

1846年

位于路易斯安那州的橡树庄园成功地嫁接了薄壳山核桃，开启了良种化种植时代。

1886年

薄壳山核桃果仁首次被做成碧根果派。

1919年

薄壳山核桃被官方认定为得克萨斯州的州树。

1982年

阿拉巴马州指定薄壳山核桃为官方坚果。

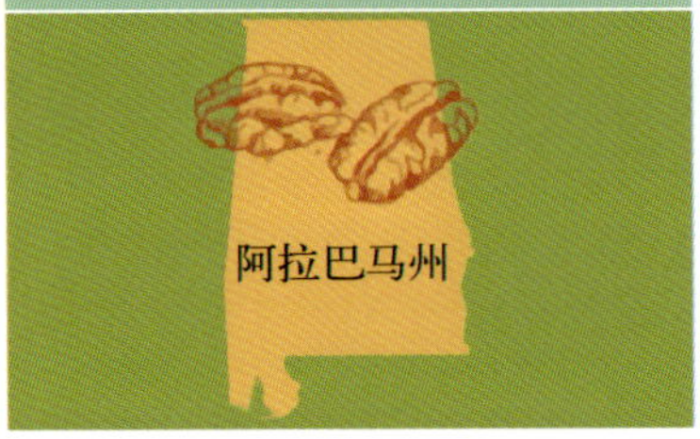

2008年

阿肯色州宣布薄壳山核桃为官方坚果。

图 1-1　薄壳山核桃产业发展历程

（4）贵州山核桃（*Carya kweichowensis* Kuang & Lu）　该种主要分布在贵州西南部，位于海拔 1 000～1 300 m 的石灰岩山地和杂木林中。

（5）越南山核桃（*Carya tonkinensis* Lecomte.）　该种是裸芽山核桃分布最广的种，主要分布在越南山罗地区，中国云南南部和西北部、广西窿林以及中缅边境和印度，位于海拔 1 300～2 200 m 的路边或山坡森林中。

（6）大糙皮山核桃［*Carya laciniosa*（F. Michx.）G. Don］　该种在山东、江苏、安徽的引种栽培表现良好，属于覆瓦芽鳞山核桃组，生长缓慢、寿命长。每一片复叶通常含 7 片小叶，果实扁卵圆形，香甜可食，主要用作城乡绿化树种和果材兼用树种。

（7）小糙皮山核桃［*Carya ovata*（Mill.）K. Koch］　其植物学特性、适应性和用途与大糙皮山核桃类似。叶片与大糙皮山核桃略有不同，通常每一片复叶含 5 片小叶。

第二节　薄壳山核桃的利用价值

一、果用价值

薄壳山核桃是世界著名的干果之一，其果仁美味可口无涩味、营养丰富、含有大量对人体有益的成分，非常适合生食、烘焙。食用后有较强的饱腹感，被用来制作航天食品。在我国，薄壳山核桃由于其具有壳薄易剥、仁肉肥厚、质地细嫩、营养美味的优点，通常被加工成高档的休闲食品（图 1-2），加上其外形类似脑部形状，在民间有“益智果”之美誉，深受广大消费者的喜爱。

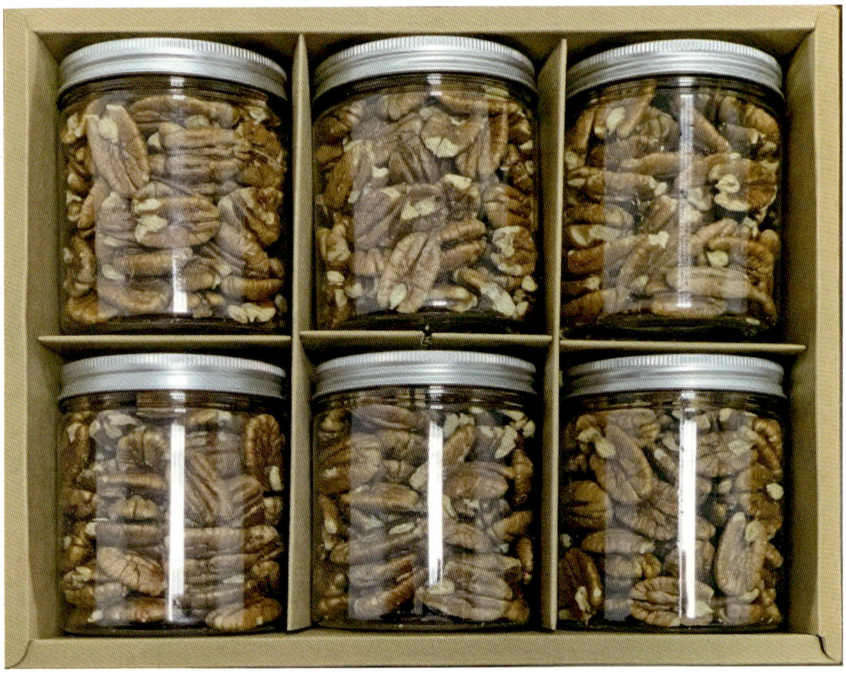

图 1-2　薄壳山核桃果仁

二、保健价值

美国农业部农业研究服务署（USDA-ARS）公布的薄壳山核桃果仁营养成分数据详见表 1-1。薄壳山核桃果仁中富含油脂，每 100 g 中有 71.97 g 的油脂，油脂中饱和脂肪酸占比非常低，为 8.59%（6.18 g/71.97 g），绝大部分为对人体健康有益的不饱和脂肪酸（占总油脂的 86.72%）（表 1-2）；碳水化合物为 13.86 g，其中对人体肠道健康有益的膳食纤维占 69.26%（9.6 g/13.86 g）；蛋白质含量为 9.17 g，氨基酸种类有 18 种，含有人体所必需的 8 种氨基酸（色氨酸、苏氨酸、异亮氨酸、赖氨酸、亮氨酸、苯丙氨酸、甲硫氨酸、缬氨酸）；果仁中含有多种矿质元素，包括镁、磷、钾、锌、铜、锰、铁、钙、硒、氟，其中锌元素和锰元素是脑垂体的重要元素，帮助人们补充脑力；同时，富含抗氧化剂叶黄素、维生素 E、维生素 C、β-胡萝卜，其抗氧化性能位列十大坚果之首；此外，含有的植物甾醇和生育酚，具有抗炎、生发、抗氧化和调节机体激素水平的功效。

表 1-1　100 g 果仁中的营养成分

成分名称		含量	成分名称	含量
脂肪（71.97 g）	单不饱和脂肪酸	40.8 g	镁	121 mg
	多不饱和脂肪酸	21.61 g	磷	277 mg
	饱和脂肪酸	6.18 g	钾	410 mg
	磷脂、鞘脂	3.38 g	钠	0 mg
	反式脂肪酸	0 g	锌	4.53 mg
	胆固醇	0 g	铜	1.2 mg
碳水化合物（13.86 g）	膳食纤维素	9.6 g	锰	4.5 mg
	淀粉、糖原等	4.26 g	维生素 C	1.1 μg
蛋白质（9.17 g）	色氨酸	0.093 g	硫胺素	0.66 mg
	苏氨酸	0.306 g	铁	2.53 mg
	异亮氨酸	0.336 g	钙	70 mg
	赖氨酸	0.287 g	硒	3.8 μg
	亮氨酸	0.598 g	氟	10 μg
	甲硫氨酸	0.183 g	维生素 B_2	0.13 mg
	胱氨酸	0.152 g	烟酸	1.17 mg
	苯丙氨酸	0.426 g	泛酸	0.86 mg
	酪氨酸	0.215 g	维生素 B_6	0.21 mg
	缬氨酸	0.411 g	维生素 A	56 I. U.
	精氨酸	1.180 g	维生素 K	3.5 mg
	组氨酸	0.262 g	维生素 E（α-生育酚）	1.4 mg
	丙氨酸	0.397 g	叶酸	22 μg
	天冬氨酸	0.929 g	维生素 B_{12}	0 mg
	谷氨酸	1.830 g	γ-生育酚	24.44 mg

四、材用价值

薄壳山核桃是一种高大乔木，可作为用材林栽植。其干形通直（图 1-5），材质坚韧，纹理致密（图 1-6），耐磨并具弹性，能支持连续振动，不易伸缩开裂，既是制造枪托等主要的军工用材，又是钢琴、家具和运动器械等的高级用材。在原产地，薄壳山核桃成熟林的树高可达 45 m，胸径 60～120 cm，有的林分甚至高达 50 m，胸径达 250 cm。在长江中下游区域，一年生苗高达 30～40 cm，地径 1 cm；造林 2 年后，高度可达 2. 6 m，地径 4 cm。安徽省黄山市林业科学研究所 1976 年种植保存的 21 株薄壳山核桃，平均胸径 40 cm，树高 20 m，其中最大单株树高 28 m，胸径 69 cm。

图 1-5　薄壳山核桃实生树干形通直

图 1-6　薄壳山核桃材质

五、园林景观价值

薄壳山核桃树体高大挺直、雄伟，枝叶茂密，树姿优美。在园林景观绿化中，可作为优良的上层骨干树种。它耐水湿，适合河流沿岸、湖泊周围及平原地区“四旁”栽植。可做行道树和庭荫树，树形美观，生命周期长达 80～100 年，结果期果实和叶子相映成趣，是庭院美化和城市绿化的优良树种（图 1-7）。可孤植，在美国的许多农场、庄园、公园、学校和教堂里，都可见到薄壳山核桃的倩影。在江苏省中国科学院植物研究所（南京中山植物园）内、南京市太平北路就有连片薄壳山核桃行道树，绿化美化效果较佳，深受市民喜爱。

图 1-7　薄壳山核桃行道树

第三节　世界各国薄壳山核桃产业情况

一、全球总产概况

目前，全球规模化种植薄壳山核桃的国家共有 10 个，包括美国、墨西哥、秘鲁、阿根廷、巴西、南非、以色列、澳大利亚、印度、中国，种植区主要位于南北纬 25°～35°间。

每年薄壳山核桃全球的产量、产值可在国际坚果及干果协会（International Nut and Dried Fruit Council，INC）发布的年报中查询。世界上其他国家的消费习惯与我国不同，他们多食用去壳后的薄壳山核桃，因而 INC 年报中有关薄壳山核桃的统计均基于果仁数据。据统计，2010 年全球薄壳山核桃果仁的产量为 9. 12 万 t，至 2020 年全球的产量已上升至 16. 64 万 t，增长了 82. 38%，平均每年产量增加 8 349 t（图 1-8）。薄壳山核桃提供的产值从 2010 年的 10. 8 亿美元，增长至2020年的19亿美元，增长了90%（图1-9）。2016—2020年全球平均总产数据显示，墨西哥已经是世界上最主要的薄壳山核桃生产国，占全球总产的52%，其次是美国，占39%。南非、澳大利亚、巴西及其他国家分别占全球总产的6%、1%、1%、1%（图1-10）。

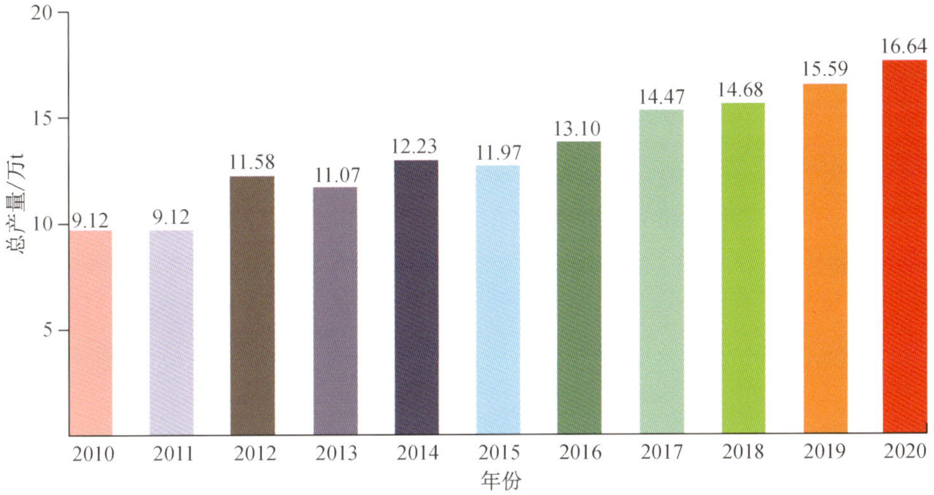

图1-8　2010—2020年全球薄壳山核桃总产量（果仁计）

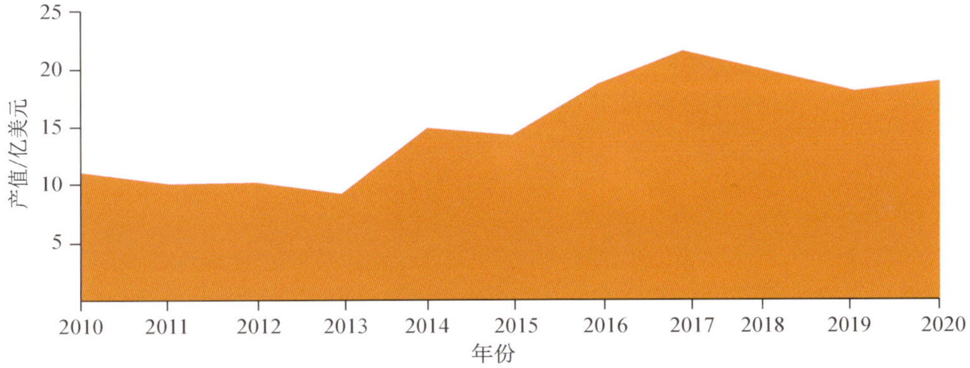

图1-9　2010—2020年全球薄壳山核桃产值（果仁计）

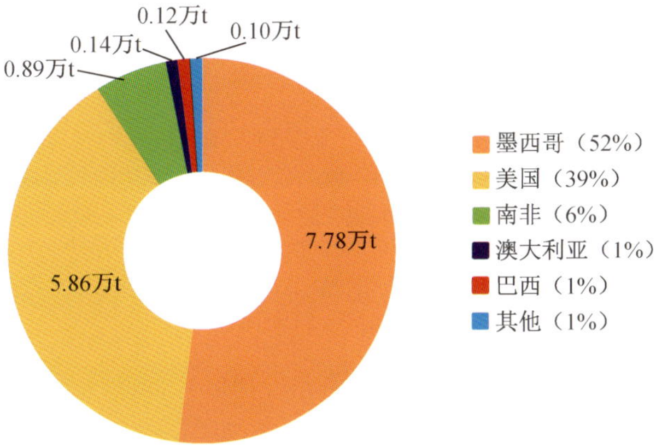

图1-10　2016—2020年全球各国薄壳山核桃平均产量（果仁计）

二、美国薄壳山核桃产业概况

美国是薄壳山核桃的主产国，也是世界上商业化育种、栽培及应用的领跑者，全球推广的主要良种均源自美国。目前，美国共有 15 个州进行薄壳山核桃的商业化种植，可分为东南产区、中南产区、西南产区、北部产区。东南产区包括北卡罗来纳州、南卡罗来纳州、佐治亚州、佛罗里达州、亚拉巴马州、密西西比州、阿肯色州和路易斯安那州 8 个州；中南产区包括俄克拉何马州和得克萨斯州 2 个州；西南产区包括新墨西哥州、亚利桑那州、加利福尼亚州 3 个州；北部产区包括密苏里州和堪萨斯州 2 个州。据统计，2021 年全美薄壳山核桃结果面积最大的 3 个州分别是，东南产区的佐治亚州（83.76 万亩*），中南产区的得克萨斯州（66.77 万亩）和俄克拉何马州（57.06 万亩）。

据美国农业部（United States Department of Agriculture，USDA）的统计（表 1-3），2017—2021 年全美的总产量在 10.93 万～13.83 万 t（10 KT；美国农业部均以带壳重量计），其中栽培品种占大多数，野生资源（未嫁接树）产值始终较低；结果面积维持在 239.79 万～248.88 万亩，平均产量为 46.53～68.38 kg/亩；总产值为 4.22 亿～7.09 亿美元，平均产值为 3.14～5.13 美元/kg，其中栽培品种平均产值在 3.20～5.28 美元/kg，野生资源平均产值在 1.72～3.44 美元/kg。

表 1-3　美国 2017—2021 年薄壳山核桃生产概况（带壳坚果）

项目	2017 年	2018 年	2019 年	2020 年	2021 年
总产量/万 t	13.83	10.93	11.59	13.79	11.58
栽培品种产量/万 t	12.64	10.27	10.48	13.21	10.93
野生资源产量/万 t	1.19	0.66	1.11	0.58	0.65
结果面积/万亩	245.72	248.21	239.78	247.67	248.88
平均亩产量/kg	68.38	53.49	48.33	55.68	46.53
总产值/亿美元	7.09	4.22	4.71	4.33	5.51
栽培品种产值/亿美元	6.68	4.05	4.42	4.23	5.31
野生资源产值/亿美元	0.41	0.17	0.29	0.10	0.20
平均产值/(美元·kg^{-1})	5.13	3.86	4.06	3.14	4.76
栽培品种平均产值/(美元·kg^{-1})	5.28	3.95	4.22	3.20	4.86
野生资源平均产值/(美元·kg^{-1})	3.44	2.57	2.61	1.72	3.08

三、其他主产国薄壳山核桃产业概况

墨西哥北部地区处于薄壳山核桃自然分布区内，为薄壳山核桃的主产区。薄壳山核桃商业化种植区主要在墨西哥北部的奇瓦瓦州、科阿韦拉州、杜兰戈州、索诺拉州、新莱昂州。墨西哥主栽品种为‘威斯顿’‘威奇塔’以及‘马罕’。

南非是世界上第三大薄壳山核桃主产国。早期，南非薄壳山核桃种植于东部的纳塔尔省地

* 为便于国内读者阅读，世界上各主产国薄壳山核桃种植面积均已按我国农业种植常用面积单位“亩”换算。

区，品种为‘契克特’和‘威奇塔’。由于栽植区高温多湿，黑斑病较为严重。20 世纪 80 年代，薄壳山核桃种植地转移到较为干旱的西北部。目前南非主栽品种为‘威奇塔’，该品种产量占总产的 60%。

澳大利亚是世界上第四大薄壳山核桃主产国。1966 年，美国的星曼农场（Stahmann farm）创始人，在澳大利亚的昆士兰买了一块地，首次在南半球种植薄壳山核桃。依赖于当地得天独厚的立地条件，1990 年星曼农场的薄壳山核桃亩产位居世界第一，为 330 kg/亩。目前，澳大利亚主栽品种为‘威斯顿’和‘威奇塔’。

19 世纪 70 年代，北美的移民将薄壳山核桃引入巴西。1915 年，科学家开始从美国引进良种，主要栽植于巴西南部的南里奥格兰德州地区。2008 年，巴西有 2.4 万亩薄壳山核桃种植面积，2015 年为 4.7 万亩，平均产量约 100 kg/亩。

印度于 1937 年引种薄壳山核桃。目前主要种植于喜马拉雅区域。2016 年，印度种植面积超过 1.5 万亩，产量约为 1 000 t。

以色列于 20 世纪 30 年代引种薄壳山核桃，1975 年种植面积达到 9 万亩，主栽品种为‘德尔马斯’（Delmas）、‘威斯顿’‘马罕’。以色列栽培技术较为发达，曾向美国出口薄壳山核桃。由于以色列国土面积较小，人口不断增长，目前薄壳山核桃种植面积约在 3 000 亩。

第四节 / 我国薄壳山核桃的产业概况

一、我国薄壳山核桃的发展历程

1. 引种历史

1900 年，美国传教士邵女士从美国带来少量薄壳山核桃种子，在我国江阴种植了 10 棵。1901 年，英国传教士带来薄壳山核桃苗并将其种植于安徽舒城基督教堂院内，目前该树生长旺盛，枝叶繁茂，树姿优美，是县城的树王之一。这棵树胸径 85 cm，树高达 25 m，树冠近 300 m^2，目前树冠虽遭些许破坏，但尚有少量结果（图 1-11）。1907 年，美国植物学家威尔逊带入少数二年生实生苗，分散在南京几处庭园栽种。叶培忠先生在中学半工半读的时候，从传教士手中分到过薄壳山核桃种子，他将其播种在自己的院子里，并且在金陵大学上学期间，在南京、杭州和嘉兴等地，推广种植薄壳山核桃，并得出了薄壳山核桃适宜在中国，特别是在长江流域繁殖和生长的结论。1932 年以后，叶培忠先生到总理陵园纪念植物园（今南京中山植物园）工作后，在园内种植了许多薄壳山核桃，他分别采用嫁接、扦插、根蘖法加以繁殖。1935 年 10 月，叶培忠先生对种植在江阴的薄壳山核桃做了一个详细的调查，30 年生的树最高可达 22.25 m，最粗的一株直径达 63.9 cm。1944 年，植物学家傅焕光从美国带回一批优良品种的种子在南京种植，同时期另有一些传教士将种子带至福建莆田及浙江杭州、嘉兴、绍兴等地栽种，但大多局限于私人住宅和庭园栽培。

图 1-11　安徽舒城引种的薄壳山核桃

1949 年初，南京市引进薄壳山核桃种子繁殖苗木，将其定植在南京市内的不少街道，同时也在盐城建湖县、盐都及扬州市郊少量栽植。根据江苏省中国科学院植物研究所（南京中山植物园）植物学家王名金考证，1950—1956 年，南京中山植物园及其周边地区部分道路两旁、少数园区和部分建筑物周围种植了 2 000 余株薄壳山核桃（图 1-12），由于城市基本建设和道路改造等因素，目前仅存 400 株左右。1965 年，法国植物病理学家访华时赠送的‘马罕’和‘艾略特’（Elliot）2 个品种的苗木，分别栽植在广东、福建和浙江等地，后被多处引种栽植。1972—1978 年，江苏省植物研究所（今江苏省中国科学院植物研究所）对所内栽植的 121 株 15～17 年生及南京中山陵园的 200 株 22 年生薄壳山核桃进行了观察、分析和选择。根据自拟的优良单株标准，选育出‘钟山 25’‘钟山 26’和‘钟山 35’3 个优良品种。

图 1-12 20 世纪 50 年代定植于江苏省中国科学院植物研究所内的薄壳山核桃

20 世纪 80 年代前后，我国林业系统陆续有不同单位进行了引种。1978—1979 年，浙江林学院从美国得克萨斯州的薄壳山核桃试验站引进 11 个品种的种子与 4 个品种的接穗，育苗后定植在该院的果园内，认为是我国首批从原产地规模引种。1983 年，江苏省植物研究所从美国引进‘肖肖尼’（Shoshoni）、‘金奥瓦’（Kiowa）等 14 个薄壳山核桃优良品种的接穗，并嫁接成活，定植于所内“新果园”，建立了薄壳山核桃种质资源圃（图 1-13）。1991—1992 年，中国林业科学院从美国内布拉斯加州立大学引进‘阿帕奇’（Apache）、‘贝克’（Baker）等 16 个品种的穗条，嫁接在浙江余杭长乐林场的薄壳山核桃资源圃内；1993—2001 年，又陆续从内布拉斯加和密苏里等州引种多批次，共引进北方型品种 30 多个，小糙皮山核桃品种 8 个，引进的品种分别嫁接在北京、河南郑州、洛宁和山西晋城等地，同时引进北方型品种的种子超过 10 t。1996—1999 年，中南林学院（今中南林业科技大学）主持了国家“948”计划项目“薄壳山核桃新品种及栽培经营技术”，从美国东南部、西部和北部引进了主栽品种的种子和穗条，共引进品种 30 个，保存了 27 个，筛选出无性系 36 个，分别嫁接在湖南、江西、浙江和云南等协作点。这是我国迄今为止由国家出资立项、最大规模的一次引种。

进入 21 世纪，江苏省中国科学院植物研究所（南京中山植物园）、南京林业大学、浙江农林大学、中国林业科学研究院亚热带林业研究所，从美国引进了‘克里克’（Creek）、‘尼克罗’（Nacono）、‘奥康尼’（Oconee）、‘波德沙尼’（Podsednik）、‘曼丹’（Mandan）、‘拉科塔’（Lakota）、‘格拉克洛斯’（GraCross）等 20 多个优良品种。

图 1-13　江苏省中国科学院植物研究所 20 世纪 80 年代建立的薄壳山核桃资源圃

2. 栽培分布

目前，我国已有 22 个省（区、市）开展了薄壳山核桃的引种栽培，引种范围南至广西的崇左（北纬 22°，广西南亚热带农业科学研究所引种成功），北至北京（北纬 39°）。发展较好的主要集中在安徽、江苏、浙江、云南、河南、江西等地。根据调查，江苏的南京、盐城、扬州、常州、无锡、镇江、宿迁，云南的大理，安徽的黄山、利辛、枞阳、舒城，江西的南昌、九江，浙江的建德、新昌、金华、绍兴、富阳、安吉，河南的洛宁、郑州，山东的聊城等地已有局部规模性发展。

3. 栽培区划

根据原产地分布范围（北纬 16°～42°）推测，薄壳山核桃可在我国的大部分省份种植，南至海南，北至内蒙古。但是，以果用为目的进行栽培时，需要综合考虑降水量、冷量、积温、无霜期等因素，因薄壳山核桃结果需要大量的水分、适宜的低温、一定的无霜期、良好的风媒条件（梅雨季与散粉季节不能重叠）等，否则可能无法正常开花结果。根据目前的引种栽培表现和气候条件，我国薄壳山核桃栽培区划可分为 4 个等级：适宜区、次适宜区、边缘区和不适宜区。

(1) 适宜区　位于北纬 25°～35°、东经 100°～122°的亚热带东部和长江流域，包括江苏、云南（1 000～1 700 m 中低海拔，邱北、红河、新平、漾濞、弥渡、晋宁、禄劝）、安徽、浙江、上海、福建、重庆、江西、湖南、湖北东部、贵州东北部、四川东部和南部、河南南阳、驻马店以南的部分地区。

(2) 次适宜区 分为南北两个亚区。北部次适宜亚区包括山东和河北（石家庄以南）、河南（南阳、驻马店以北）、湖北（十堰以北）和陕西（西安以南部分地区）。南部次适宜区包括贵州大部分和云南（大理以南、景洪以北、宾川、华坪以东）、广东（韶关、南雄以北）、广西（桂林以北）和台湾（台北以北）的部分地区。

(3) 边缘区 由北部边缘亚区和南部边缘亚区组成。北部边缘亚区包括天津、北京全部和辽宁（辽东湾）、河北（石家庄以北）、山西（太原以南）、陕西（延安以南、西安以北）、甘肃（兰州以南）和四川（松潘）部分地区。南部边缘亚区包括云南（景洪以南）、广西（桂林以南）、广东（韶关、南雄以南）和台湾（台北以南）的部分地区。

(4) 不适宜区 北部不适宜区包括黑龙江、吉林、内蒙古、青海、新疆、西藏全部和辽宁（中、北部）、山西（中、北部）、陕西（北部）、宁夏（固原以北）、甘肃（中、北部）、四川（西北部）等地区。南部不适宜区包括海南全部地区。北部不适宜区主要受限因素是无霜期短，南部不适宜区主要受限因素是冷量单位不足。

二、我国薄壳山核桃产业发展现状及存在的问题

1. 发展现状

截至2020年，我国薄壳山核桃种植面积大约在100万亩，其中安徽约60万亩，江苏约20万亩，云南约20万亩，其他省份呈零星种植。云南是我国最早规模化发展薄壳山核桃的省份。2010年左右，江苏和安徽开始将薄壳山核桃作为木本油料作物规模化推广。但截至2020年，进入投产期的果园尚不多见。泗洪县科晖现代农业发展生态园于2006年种植的薄壳山核桃已经进入投产，部分品种平均株产在40 kg左右，亩产可达200 kg，该种植园已成为全国丰产园的典范。安徽是我国种植薄壳山核桃面积最大的省份，在高水平果园建设、果园复合经营方面取得了一定的成效，弥补了薄壳山核桃前期见效慢、效益低的问题。

2. 存在的主要问题

(1) 品种混乱 薄壳山核桃品种繁多，不同品种的薄壳山核桃在产量、抗性、坚果商品性、市场价格方面存在较大差异。有些品种单果重仅有2 g左右，无果用栽培价值。同时薄壳山核桃是一种结果较慢的树种，实生树需要长达10年才开始结果，嫁接苗因品种而异，多在3～6年开始结果。如果品种选择不当，且未能及时发现，损失将非常巨大。因此在果园建设中，品种选择显得尤为重要。但是，目前生产上薄壳山核桃品种“同名异种”“同种异名”的现象较为严重，品种管理较为混乱。

(2) 良种缺乏 生产过程中，薄壳山核桃需要配置授粉树才能保证果实的产量和品质，至少有两个可相互授粉且综合性状较为优良的品种才能满足产业发展的需求。但是目前，在推广的良种中仅‘波尼’表现较为良好，其他品种在产量、适应性、抗性、商品性等方面存在一定的缺陷，综合性状优的良种依然较为匮乏。

（3）**栽植密度大**　薄壳山核桃是一种强阳性树种，光照不足将会导致结果部位外移，造成结果平面化、产量降低，果实品质也会由于光合产物积累的减少而下降。只有光照充足时才能最大限度地发挥薄壳山核桃的生长和产量潜力。薄壳山核桃适宜的栽植密度为8～10株/亩，最多不超过14株/亩。目前，我国的多数果园栽植密度均较大，果园郁闭严重（图1-14），导致树形紊乱、病虫害严重、产量低下的现象较为普遍。

（4）**栽培管理粗放**　薄壳山核桃需要精细的管理，但在多数果园中普遍存在重种植、轻管理的现象，日常抚育管理，如肥水管理、整形修剪及病虫害防治等的科技含量不高（图1-15）。不少果园出现了树体树冠荫蔽、病虫害滋生严重、不能按期投产、单产低、质量差等问题，严重影响栽培的经济效益。

（5）**综合利用水平不高**　薄壳山核桃资源的利用价值很高，但目前对其的利用仍仅限于果仁，全方位的综合开发还很不深入。薄壳山核桃的外果皮、分心木、花序、叶片等组织富含酚类物质，其抗氧化性可起到抗衰老、抗肿瘤的保健作用，可作为功能茶产品、保健冲剂开发利用。果壳具有吸附作用，可加工成生物炭质吸附剂。此外，薄壳山核桃果仁加工产业仍是以休闲食品为主的粗加工，加工程度不够精深，产品单一且附加值低，占据终端产品高地的精深加工业尚未兴起。深加工产品目前仅有薄壳山核桃油，并且产品宣传力度不够，市场未打开。薄壳山核桃果仁中的益智成分、油脂中润肤物质可分别加工成保健品和化妆品，但是相关的高值化产品仍未研发出世。

图1-14　果园栽植密度大，郁闭严重

图 1-15　果园缺乏整形修剪

三、薄壳山核桃产业发展趋势

1. 果园建造标准化

果园建造标准化主要体现在主栽品种明确、树苗长势整齐一致、栽植密度科学合理。墨西哥是薄壳山核桃的主产国，主栽品种就只有 2 个：‘威奇塔’和‘威斯顿’，均是优良的品种。因此，栽植的品种不在于多，而在于优。选择合适的主栽植品种，可以保证成熟期相差不过于悬殊，既方便管理采收，也利于后续的标准化加工。目前，部分优良的薄壳山核桃品种，在幼苗时期就已可以从形态学进行鉴别，随着育苗单位对品种鉴别能力的提高，今后品种的纯度会得到更好的保证。薄壳山核桃的强阳性决定了其适宜稀植。今后幼苗建园时可能仍然采用计划密植的方式，但会采用更适合林间复合经营的“小株距+大行距”模式（图 1-16 至图 1-18），比如 4 m×10 m，套种时利于机械化作业，也方便后续进行密度调整（仅需对株间进行调整）。

图 1-16　4 m×10 m 计划密植+后期间伐建造果园

图 1-17　高标准果园（安徽佳烨）

图 1-18　高标准果园（江苏碧水生态）

2. 抚育管理机械化

薄壳山核桃是高大的乔木，该树种的特性给果实采收、病虫害防治、叶面施肥等作业带来诸多不便。加上随着农村劳动力的逐年减少，日常抚育管理对农机的依赖程度将显著提高。随着我国产业升级逐渐渗透到各行各业，未来薄壳山核桃果园的机械化程度也会越来越高。

3. 产品多样化

目前市面上有关薄壳山核桃的产业较为单一。近年来，部分科研院校、企业单位和地方政府已着手开展薄壳山核桃高值化利用的研究。随着科研单位、政府部门、企业对下游加工产业的介入，越来越多的薄壳山核桃产品也会相继投入市场。

第二章 薄壳山核桃生物学特性

薄壳山核桃由根、茎、叶、花、果实和种子等器官组成。植株体的器官具有特定的形态结构并行使特定的生理功能。其中，与有性生殖相关的花、果实、种子为生殖器官；与营养物质吸收、运输、制造相关的根、茎、叶为营养器官。营养器官生长健壮，能够为果实生长和花芽分化提供物质基础，但生长过旺也不利于果实生长和花芽分化。生殖器官之间存在着竞争，过多的开花或结果常常引起落花落果。了解薄壳山核桃各器官的发育规律，有利于科学合理地调节器官的形态建成，促进树体健康有序地生长。

薄壳山核桃从种子苗开始，经历着从生长、结实、衰老到死亡的生命周期。结果树每年则经历着从萌芽、抽枝、开花、结果到落叶的年生长周期。这些生命周期及生长周期是遗传性决定的，同时又受各种环境因素的影响。研究这些规律，有助于认识果实产量和质量的形成过程，以便科学地拟定管理技术措施。

第一节 薄壳山核桃各器官的生长发育特征

一、根系的生长和发育特性

薄壳山核桃的根系可分为 3 类：主根（Tap root）、侧根（Lateral root）和毛细根（Fibrous root）。主根由种子胚根发育而来，薄壳山核桃根主根发达，可垂直向下深入土壤下层。在主根上面着生的粗大分枝称为侧根，侧根向水平或斜下方伸展。毛细根又称须根或吸收根，为侧根上形成的较细的根，可向各个方向生长。主根上生出的分支为一级侧根，一级侧根上生出的分支为二级侧根，依次可分生多级侧根。主根和侧根在形成早期比较细长，主要发挥吸收养分的作用。随着树龄的增加，根系不断增粗，主根和侧根逐渐发挥起贮藏、支持和输导的作用；毛细根主要发挥吸收的作用，会不断地老化、死亡、更新。

在耕作的果园内，根系的水平分布主要在 30～45 cm 的土层内。耕作层较深时，根系的水平分布较深；耕作层较浅时，根系的水平分布较浅。根系的纵向伸长受土壤水分、土层深浅、土壤结构、土壤营养状况的影响，为 1～3 m。土层深厚、土质疏松、地下水位较低或土壤较贫瘠时，主根向下伸展较深，可达 3 m 或者更深。

根系的生长发育受外界环境的影响，主要有温度、土壤水分、土壤质地、土壤结构、土壤三相组成、营养状况等。

温度对根系生长发育有影响，其中毛细根对温度最为敏感，如果土壤温度持续低于－2 ℃时，毛细根会受冻伤，而土壤温度高于 43 ℃时，毛细根会炽热而死。在土壤温度为 0～15 ℃时，根系生长缓慢，在温度为 15～35 ℃时，根系生长最快。土壤温度适宜时，根系会一直生长，没有休眠。

土壤的固相（土壤质粒）、液相（主要是水分）和气相，这三相的组成比例对根系生长影响很大。薄壳山核桃在 50%固相、25%液相和 25%气相中生长最为良好，水分过多，影响根系呼吸作用，严重时可导致须根的死亡。土壤通气不良影响根的生理功能和生长。氧气是植物根系呼吸、营养物质运输、激素合成等生理代谢所必需的物质，当氧气不足时，根和根际环境中的有害物质增加，细胞分裂素合成下降。

薄壳山核桃播种后的第一年，种子苗主根生长量远远大于地上部的生长量，当茎生长量为 30 cm 时，主根能生长到 30～90 cm，具体生长量与土壤肥力、质地、水分有关。第二年主根的长度可达 1.2 m，第三年主根的长度、树体高度、侧根长度大致相等。第四年树体高度超过主根长度，侧根的长度为树体高度的 2 倍。第五年主根不再有明显的伸长。10 年生的薄壳山核桃主根长度是树体高度的 1/4，侧根长度为树干高度的 2 倍，20 年生的主枝和根系伸展达到极限。

二、芽和枝的生长与发育

1. 薄壳山核桃芽和枝条特性

芽是尚未发育成长的枝或花的雏体。薄壳山核桃芽着生在枝条上的一定位置，其中着生在枝顶端的为顶芽，而着生在叶腋处的为腋芽。顶芽分为两种，一种与腋芽同源，有壳状鳞片包裹，多存在于内膛弱枝顶端；另一种呈圆锥状，有叶状芽鳞包被，形似裸芽但并非裸芽。顶芽基部钝、上部锐尖，芽鳞呈覆瓦状排列。顶芽一般存在于营养枝的顶端，结果枝顶端为果实，果实成熟后残留雌花梗，不含顶芽。如图 2-1 所示。

顶芽本质等同于腋芽

顶芽有叶状芽鳞包被

枝条顶端为花梗，不含顶芽

图 2-1　枝条顶芽类型

腋芽呈三角状，外有鳞片包被。每一个叶腋处通常有 3～4 个纵裂叠生的腋芽，顶部最大的为主芽，位于主芽下方的为副芽，副芽有 2～3 个，分别为第一级副芽（次芽）、第二级副芽、第三级副芽（图 2-2）。主芽可发育成枝条，如果遭遇环境胁迫（如晚霜）而造成主芽所抽生的

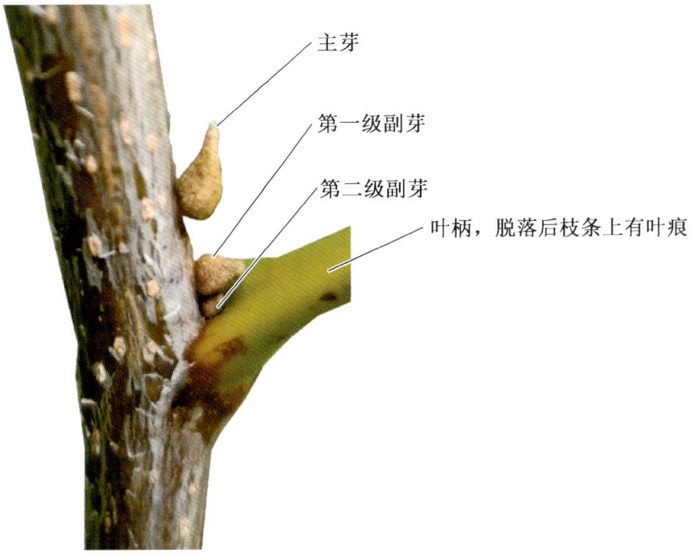

图 2-2　薄壳山核桃腋芽

新梢受损时，副芽能够萌发成枝条。薄壳山核桃成年果树的腋芽均为复芽，每个腋芽内均含有 3 个生长点（子芽），中间的子芽可发育为枝条，而两端的子芽发育为雄花序（图 2-3）。薄壳山核桃一年生枝条的顶芽、顶端腋芽可分化出雌花。腋芽中，只有主芽、次芽（第一级副芽）能够产生雌花，第二级和第三级副芽不能分化出雌花。

图 2-3　薄壳山核桃腋芽内部形态

根据芽的不同功能，可将薄壳山核桃的芽分为 4 种：① 叶芽，也称营养芽，只具备一个生长点，萌发后形成叶片和营养枝。叶芽多存在于未达开花年龄的幼树中。② 混合芽，萌发后能同时长出雌花和枝条，雌花长在新梢顶端，为雌花序。薄壳山核桃中有叶状芽鳞包被的顶芽和腋芽中的中间子芽多属于此类型。③ 复芽，具备 3 个生长点（子芽），中间的子芽较大，为混合芽或叶芽，发育成枝条，并有可能在新梢顶端形成雌花。两侧子芽较小，为纯花芽，发育为雄花序。薄壳山核桃成年树的腋芽均属于复芽。④ 隐芽，也称休眠芽，生长在枝条的基部或下部，形态不明显，一般不萌发，只有受到刺激才萌发，可作为枝条或树体更新用。

薄壳山核桃的枝条可分为 2 种：① 营养枝，可由叶芽、复芽、隐芽发育而来，只抽生新枝而不结果，也可称为生长枝。② 结果枝，为混合芽抽生形成的带有雌花序的枝条，多着生于一年生枝条的顶端。

2. 新枝生长特征及年动态规律

薄壳山核桃顶端优势明显，在芽萌发季节，一年生枝条的顶芽及腋芽均处于活动状态，但通常只有顶端 1～3 个芽（顶芽及近顶端的几个腋芽）形成枝条。腋芽能抽生出长势非常弱的营养枝，但通常会随着雄花序的脱落而枯萎。去除薄壳山核桃的顶端优势时，可促使腋芽萌发成枝，增加侧枝的数量，促使结果量增加。研究发现，利用拉枝技术可以有效地减弱薄壳山核桃顶端优势，而激素（包括细胞分裂素、脱落酸、生长素、赤霉素）处理并没有起到显著增加侧枝形成的效果。

幼树在一个生长季可以有 2～3 次的枝条生长高峰，第一次发生在芽萌发后，第二次发生在仲夏（7 月），第三次发生在夏末或初秋。在江西地区，薄壳山核桃新梢在 3 月份开始生长，且生长迅速，并在 4 月份达到最高生长量，随后生长缓慢（基本停止生长）。7 月份为第二次速生期，但该时期生长量要小于 4 月份。9 月份枝条基本停止生长。

结果树的枝条通常只有一次生长高峰，即在芽萌发后。发芽后的 30 d 内为新梢迅速生长期，在此期间，雄花经过抽序、散粉、脱落；雌花经现蕾、柱头可授、柱头枯萎，并于新梢生长高峰之后，完成授粉受精过程。对于成年结果树而言，在薄壳山核桃发芽后的新梢生长期，采取适宜的栽培管理措施对提高产量是至关重要的，因为长势壮的枝条往往比长势弱的枝条坐果率高。

三、叶片的形态及生长动态

薄壳山核桃的叶片为奇数羽状复叶（图 2-4），全长 25～35 cm，小叶 9～17 片，具极短的小叶柄，小叶柄连接到总叶柄（也称为叶轴），小叶柄和叶轴初被柔毛，后几乎无毛，小叶柄和叶轴基部梢增厚；小叶卵状披针形或长椭圆状披针形，有时为长椭圆形，通常呈镰刀状弯曲，长 7～18 cm，宽 2. 5～4. 0 cm，基部歪斜阔楔形或近圆形，先端渐尖，叶缘具锯齿，初被腺体及柔毛，后柔毛脱落。叶轴两端侧生小叶不对称，远端部分（朝向叶顶点）基部钝形凸出，而近端部分（朝向叶基部）基部是锐形凹面。小叶叶脉为网状脉，侧脉终止于小叶边缘。

图 2-4　薄壳山核桃叶片

薄壳山核桃叶表皮细胞具有不同的毛状体，可分为 3 种类型：芒状绒毛、盾状鳞片、球状腺毛。叶龄不同，叶片毛状体的组成有所区别。通常，相比于成熟叶片，幼叶的上表面具备更多的绒毛；幼树叶片比成年树叶片具有更多的芒状绒毛；幼年与成年树的叶片具有相同比例的盾状鳞片。

春季气温回升后，薄壳山核桃芽开始萌动，鳞片开裂掉落，芽生长点显现，此时叶原基紧密聚集在茎轴周围。随着新梢的生长，小叶在茎轴周围展开并聚集在一起，随后小叶彼此分开（图 2-5）。这个过程前后大约持续 1 个月的时间，不同品种有所差异。

芽萌动，鳞片开裂掉落　　芽生长点显现　　芽生长点显现

芽萌发　　新稍生长

图 2-5　腋芽发育

四、花芽分化

薄壳山核桃雄花为葇荑花序，包括 3 个穗状分枝条，着生在当年生枝条的基部，与腋芽为同源器官。新梢形成后，雄花开始分化，最先发育的是葇荑花序中间的分枝花序，随后两个侧生的花序开始发育。雄花序的发育在入秋前完成。雌花是芽外分化，发生在当年生新梢的顶端，分化时间短。其生态分化的过程可分为花芽分化初期、花序形成期、雌花总苞形成期以及雌蕊形成发育期。

五、开花、坐果、果实发育与落果

1. 雌雄花特征

薄壳山核桃的花为风媒花，雌雄同株，但着生在不同的部位。雄花为葇荑花序，雌花为穗状花序。开花类型属雌雄异熟（Dichogamous），雌花的可授期与雄花的散粉期多不一致，少数品种花期存在部分重叠，可自花结实。雄花的散粉期先于雌花的可授期称为雄先型（Protandrous）；雌花的可授期先于雄花的散粉期称为雌先型（Protogynous）。雌雄异熟分为完全雌雄异熟和不完全雌雄异熟。散粉期与可授期有重叠的为不完全雌雄异熟，有部分雌花可自花授粉；散粉期与可授期无重叠的为完全雌雄异熟，需异花授粉。雌雄花期能否相遇不是固定的，受立地条件、季节的影响，但雌雄花成熟的先后次序却是固定的，为质量性状受一对等位基因控制，雌先型为显性（基因型为 PP 或 Pp），雄先型为隐性（基因型为 pp）。

雄花为葇荑花序，3 花序 1 束，中间的雄花序最长，也称为三出葇荑花序。葇荑花序几乎无总梗，长 8～14 cm，雄先型品种的雄花序较粗短，雌先型品种的雄花序则较细长。小花在雄花序上呈螺旋状排列，不同品种的雄花量不同，雄先型品种大约有 72 个小花，雌先型品种大约有 123 个小花。每个小花由苞片和雄蕊组成，苞片分为 3 瓣，1 个中心苞片和 2 个侧苞片，雄先型品种的苞片通常较宽。每个小花有 3～7 个雄蕊，雄蕊由花药和花丝构成，薄壳山核桃的花丝很短几乎不可见，雄蕊成熟时，每个花药有 4 个花粉囊（图 2-6）。花粉在花粉囊中形成，每个花粉囊约有 365 个花粉粒。花药成熟前，花粉囊中的花粉粒相互独立，随着花药的成熟，4 个花粉囊通过分离壁的溶解而融合成 2 个腔室。花药壁为 2 层细胞，为外表皮和药室内壁。散粉时，花粉囊沿纵缝裂开（裂口）。花药开口是花粉囊壁细胞失水开裂而造成的，当雄花受潮时，花粉囊壁细胞吸水可导致花药闭合。

图 2-6　薄壳山核桃雄花

薄壳山核桃花药开裂及花粉释放（散粉）主要发生在早上，散粉是由温度和相对湿度决定的，相对湿度小则散粉率高，而相对湿度大时，散粉过程受到抑制；大气温度高则散粉率增加，而大气温度低时，散粉率降低。

薄壳山核桃雌花为穗状花序，2～8 朵花排列于当年生枝条的顶端（图 2-7）。基部花最先发育形成，而最顶端的花通常发育不全，易败落。雌花序上单花的数量随着枝条长度、品种及季节

图 2-7　薄壳山核桃雌花

而有差异。雌花由柱头、总苞及子房组成，总苞分为 3 个小苞片和 1 个大苞片，苞片间基部融合，子房上有二裂柱头。柱头的颜色有深红色到鲜绿色，品种间有差异，如‘萨塞斯’（Success）及‘波尼’的柱头颜色为深红色，‘斯图尔特’（Stuart）为鲜绿色。柱头的颜色可作为鉴定品种的依据之一，但不能作为判定可授性的依据。柱头的可授性可通过以下方法来进行判断：柱头上是否有“黏性液体”；将花粉蘸到柱头后，柱头是否具有较强的黏附性；柱头的干燥程度，如果过干，则可授期已结束。一般来说，相比于雄先型品种，雌先型品种的雌花柱头较小。

薄壳山核桃柱头可授性受到温度及湿度的影响，在低温潮湿的情况下，柱头可授期可持续大约一周的时间；当湿度低而气温高时，柱头表面会快速地干燥，可授期持续的时间会大幅度减少。柱头接受花粉后，花粉在柱头表面完成复水及萌发过程，随后柱头细胞塌陷并干燥枯萎。

由于不同品种间相互授粉存在杂种优势，通常薄壳山核桃异花授粉比自然授粉坐果率更高，且异花授粉的果实在品质重量方面具有较好的表现。为利于异花授粉和坐果，可选择能够相互提供授粉机会的雌先型与雄先型品种进行配置。

薄壳山核桃为风媒花，花粉传播的距离受风速、地势等的影响，为保证充分的授粉，授粉树的距离应设置在合理的范围之内。通常薄壳山核桃花粉的散布量随距离的增加而减少，例如当‘德西拉布’与‘斯图尔特’的距离相差 50 m 以下时，‘斯图尔特’顶芽平均结果数为 1.2 个，而当距离相差 75 m 时，顶芽结果数为 0.2 个。

2. 授粉与受精

花粉传到雌花柱头表面称为授粉。在柱头表面的花粉经历黏附、复水、花粉管萌发之后，精细胞随花粉管穿过柱头，到达子房完成精核与卵核的融合称为受精。薄壳山核桃每个花粉有 2 个精细胞，其中一个精细胞与卵细胞融合后发育成胚，胚为薄壳山核桃的果仁；另一精细胞与极核融合形成胚乳，在果实发育过程中，胚乳逐渐解体，其营养输入子叶，至胚发育成熟时，胚乳已不存在。授粉及受精是果实发育的基础，如果薄壳山核桃雌花不能正常完成授粉及受精，将会导致落果（通常发生在 6 月中旬）。

薄壳山核桃受精的过程如下：柱头可授时，其表面有膨胀的乳状突起，突起物含有黏液。授粉 1 h 之后，花粉开始复水、膨胀；授粉 3 h 之后，少量花粉管开始萌发；授粉 8～12 h 之后，大量的花粉管开始在柱头表面萌发，并沿着乳突细胞间隙向下生长，在授粉 3～8 h 之间，花粉管生长速度大约在 150 μm/h，授粉后的 2 h、3 h、4 h、8 h，花粉管长度大约分别在 47 μm、194 μm、405 μm、946 μm；授粉 2 d 之后，柱头、花粉及花粉管均出现萎蔫现象；授粉 2～6 d 后，花粉管伸入到胚珠位置，完成受精过程。多数植物从授粉到受精的过程只需数小时，而薄壳山核桃完成该过程需要的时间长达 2～6 d。

3. 果实发育

果实是由外果皮、中果皮、内果皮（果壳）、果仁（胚发育而成，为可食用的部分）、隔膜构成。果仁外面含一层薄薄的膜，称为种皮。外果皮和中果皮紧密接合，无明显界限，称为青皮。种皮在存储的过程中会发生褐变，存放时间越长的果实，种皮褐变程度越深。果实顶部位置即为果顶，基部位置称为果基、果底。营养物质从果柄流经青皮外侧，至果顶位置后顺着青皮内侧输送至果基，进入果仁（图 2-8）。

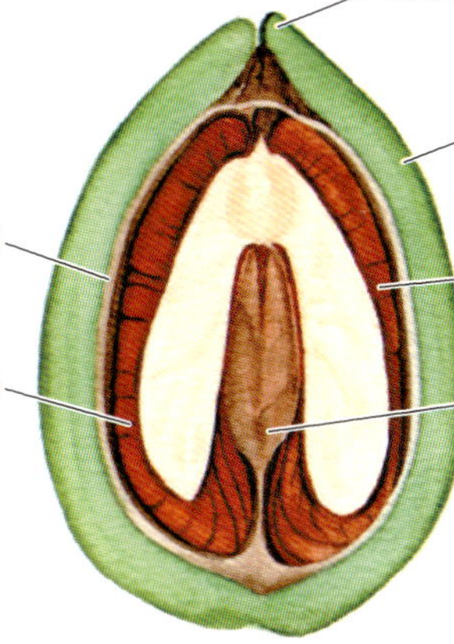

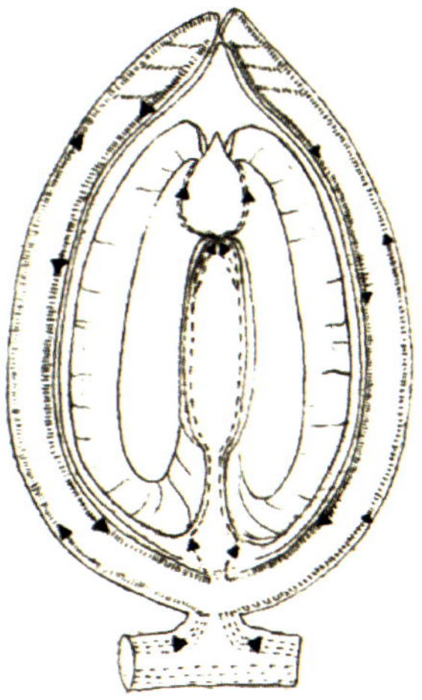

图 2-8　薄壳山核桃果实形态及养分运输

果实发育是从雌花授粉受精开始的，根据果仁的发育过程，可将其分为 4 个时期，分别是水仁期（Water stage）、乳仁期（Milk stage）、硬核期（Dough stage）和果仁成熟期（Kernel stage）。果仁出现时，胚乳以液体形式存在，此为水仁期，通常为从受精到 8 月初（不同品种有所不同）；当果壳变硬后，液体胚乳开始凝固为乳胶状，此为乳仁期（8 月初至 9 月上旬）；随后乳胶状果仁变为固体状（胚乳已消失），此为硬核期（9 月中旬至 10 月初）；果仁变为固体后，胚继续发育至外果皮开裂，此为果仁成熟期（10 月初至果实成熟）。

根据果实外观形态及果仁变化规律，可将果实发育分为 8 个时期（图 2-9）：① 授粉完成时期（Post-pollination），也可称为柱头变黑期，此时雌花完成授粉（授粉后一周），柱头开始变黑，时间通常为 5 月中旬。② 幼果发育初期（Early nut sizing），此时已完成受精，胚珠（即果仁）尚未发育，果实生长非常缓慢。此时期持续时间为 5 月中旬至 7 月初（授粉后 6 周）。③ 幼果迅速膨大期（Rapid nut sizing），此时幼果进入快速生长阶段。胚珠开始缓慢发育，其内含液态胚乳。此时期持续时间为 7 月初至 7 月中旬（授粉后 9 周）。④ 幼果膨大末期（Late nut sizing），此时果实体积增长缓慢。胚珠内主要为液态胚乳（水仁初期）。胚开始显现。果壳从顶部开始变硬。此时期持续时间为 7 月中旬至 7 月底（授粉后 12 周）。⑤ 灌浆初期（Early kernel filling），此时果仁主要为液态状（水仁期）。果壳中部变硬。胚从顶部开始发育。此时期持续时间为 7 月底至 8 月初（授粉后 13 周）。⑥ 灌浆期（Kernel filling），此时果仁处于水仁末期。液态胚乳开始凝固，变为乳胶状。胚从顶部近果壳端（远离中间隔膜端）包裹胚乳，胚乳为其提供营养物质。果壳已经全部变硬。此时期持续时间为 8 月初至 8 月中旬（授粉后 15 周）。⑦ 灌浆末期（Late kernel filing），此时果仁已经完全变为固体，为果仁发育的硬核末期。胚从中间隔膜端接近完全包裹胚乳。此时期持续时间为 8 月中旬至 9 月中旬（授粉后 19 周）。⑧ 外果皮开裂期（Shuck split），此时果仁发育完全。胚乳退化消失。外果皮开裂。此时期持续时间为 9 月中旬至 10 月中下旬（授粉后 24 周）。

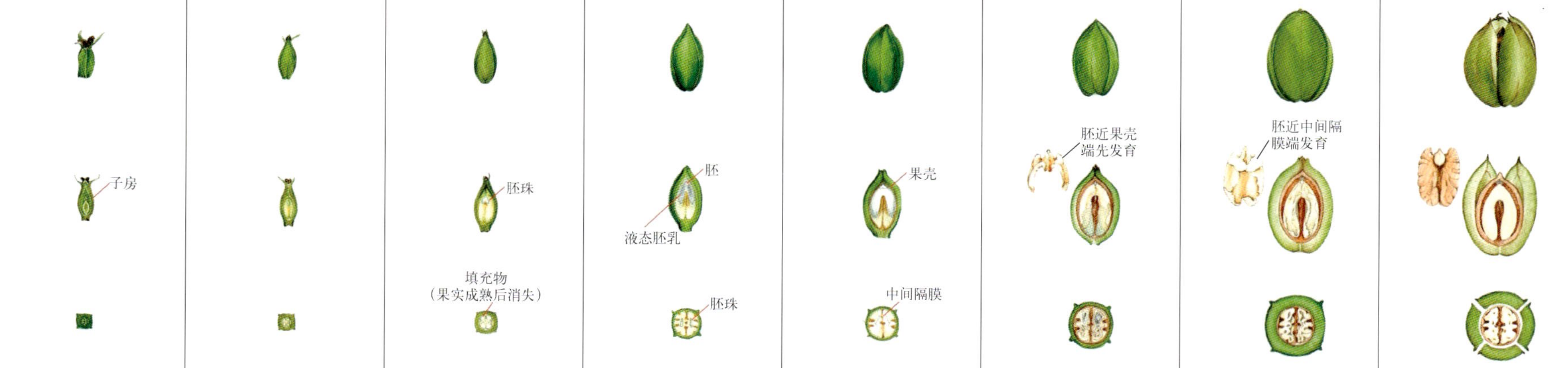

时期 1 授粉完成期（柱头变黑期）	时期 2 幼果发育初期	时期 3 幼果迅速膨大期	时期 4 幼果膨大末期	时期 5 灌浆初期	时期 6 灌浆期	时期 7 灌浆末期	时期 8 外果皮开裂期
授粉后 1 周 5 月中上旬	授粉后 6 周 7 月初	授粉后 9 周 7 月中旬	授粉后 12 周 7 月底	授粉后 13 周 8 月初	授粉后 15 周 8 月中旬	授粉后 19 周 9 月中旬	授粉后 24 周 10 月中下旬
柱头开始变黑	果实生长非常缓慢，果仁尚未发育	幼果快速生长，胚珠开始发育，其内含液态胚乳	果实体积缓慢增长，胚开始显现，果壳从顶部开始变硬	果仁内胚乳液态状，胚从顶部开始发育，果壳中部变硬	胚乳乳胶状，胚从顶部近果壳端包裹胚乳，果壳全部变硬	胚接近完全包裹胚乳，果仁呈固态状，果壳全部变硬	果仁发育完全，胚乳消失，外果皮开裂

图 2-9　薄壳山核桃果实发育动态过程

4. 落果

薄壳山核桃在生长季有 4 个显著的生理落果期（图 2-10）。第一次落果发生在 5 月，为授粉后不久，实际为落花，此时落果的原因可能是新梢长势较弱、环境逆境、雌花营养不良。第二次落果发生在 6 月，可能的原因有：未实现双受精（子房卵细胞发育异常，或者花粉管未伸长到卵细胞处）；授粉树配置不合理，自花授粉落果严重。第三次落果发生在 7 月，主要原因是营养供应不足导致胚乳发育不全。第四次落果发生在 8—9 月，可能的原因有：负载量过大，光合产物不足；干旱胁迫；病虫害严重；密度不合理，光照条件不足。

第一次落果（5 月）　第二次落果（6 月）　第三次落果（7 月）　第四次落果（8—9 月）

图 2-10　薄壳山核桃 4 个落果时期果实形态

第二节　薄壳山核桃的生长发育周期

一、生命周期

种子植物在其个体发育过程中，都要经历萌芽、生长、结实、衰老、死亡的过程，这一过程包含了全部的生物活动，称之为生命周期。薄壳山核桃为多年生的高大乔木，种子苗生长发育可分为 5 个阶段：童期、结果初期、盛果期、结果后期和衰老期。

童期是指从种子萌发后开始，至树体具备花芽分化潜力和开花结实能力为止所需要的时间。薄壳山核桃童期持续的时间较长，为 10 年左右。树体生长旺盛是童期的主要特征。嫁接树因其接穗采自已经具备花芽分化能力的枝条，此类嫁接树不具有童期，只需经过一段时间的营养生长后即可进入挂果期。嫁接树从生长至第一次开花结实的时期为营养生长期。不同品种营养生长期持续的时间不同，多数为 5～6 年，有的品种如‘马罕’‘克里克’仅为 3 年。

结果初期是指树体从开始结果到大量结果（结果盛期）前的时期。这一时期，薄壳山核桃树体生长依然旺盛，分枝大量增加并继续形成骨架。结果部位以中下部弱枝为主，随着结果量的增加，中下层枝条的分枝角度逐渐开张，而顶端枝条依然呈直立生长。结果初期时间的长短因品种而异，通常为 6～8 年。

结果盛期是指树体进入大量结果的时期。这时期薄壳山核桃产量增长到最大。此时，树体营养生长较弱，主要为生殖生长，结果枝大量增加，产量达到高峰，丰产性好的品种结果量可达到 3 000 kg/hm^2。开始收益后，产量会逐年增加，可连续受益百年以上。

结果后期树体树势衰退，新梢生长量减少，主枝先端开始回枯，骨干根逐步衰弱并相继死亡。虽能萌发徒长枝，但很少形成更新枝，结果量逐渐减少。

衰老期为树势明显衰退至树体最终死亡的一段时间，此时新生枝条的年生长量大量减少，新生枝条细弱；骨干枝和骨干根开始枯死，无法进行更新；结果枝越来越少，果实品质变差；易遭受病虫的危害。

二、年生长周期和物候期

1. 萌芽及抽枝

在南京地区，多数薄壳山核桃品种于3月下旬顶芽开始萌动，鳞片开裂，腋芽萌动晚于顶芽3～15 d。4月中下旬开始展叶，随后新梢开始生长。不同品种萌芽期有所差异，如‘波尼’顶芽萌动较‘马罕’晚1周左右，而其开始展叶、新梢生长、完全展叶等的开始时间均仅比‘马罕’晚1～3 d；‘波尼’和‘钟山25’顶芽同时萌动，但‘波尼’新梢开始生长的时间要比‘钟山25’早2周，完全展叶开始的时间早大约2周；‘金华’顶芽萌动、新梢生长及完全展叶开始时间都相对较晚。总体来说，4月中旬为薄壳山核桃开始抽新梢的时间，结果枝经过25 d左右的生长，生长量约占全年生长量的一半，随后其生长速度变缓慢；而营养枝在7月及9月时新梢生长量仍较大。

2. 花芽分化与开花

薄壳山核桃雄花花芽从开始分化到翌年开花大概历时10个月，雄花生理分化期在5月中旬，形态分化期持续的时间在6—9月，雄花原基出现在6月上旬、花萼原基开始分化的时间为6月中下旬、花序轴原基出现的时间为7月、7—9月单花着生在花序轴上，雄花可在7月份完成花芽分化（图2-11）。雌花分化从3月中下旬（新梢抽生后，因品种而异）开始到5月中旬基本完成，历时约45 d。花芽分化初期发生在3月中下旬，花序形成期为4月上旬，雌花总苞形成期出现在4月中旬，雌蕊形成和发育期为4月下旬至5月中旬。

图2-11　当年生枝条7月份修剪时有雄花序抽生

雄花集中在4月下旬进入初花期，5月中下旬进入落花末期，雄花的整个花期持续16～24 d。雄花单花的开放过程包括花苞闭合、花苞开放、花药变黄、花药变黑散粉和小花脱落5个时期（图2-12），其开放过程持续13～22 d。

花苞闭合期

花苞开放期

花药变黄期

花药变黑期

小花随花序脱落期

图 2-12　雄花单花开放过程

雌花集中在 4 月下旬进入初花期，末花期集中在 5 月中旬，雌花的整个花期持续天数为 12～23 d。雌花单花的开放过程包括柱头显露、柱头裂开、柱头倒“八”形（有的品种没有该时期）、柱头枯萎和子房膨大 4～5 个时期（图 2-13），其开放过程持续 14～22 d。

柱头显露期

柱头开裂期

柱头倒“八”形期

柱头枯萎期

子房膨大期

图 2-13　雌花单花开放过程

3. 果实发育

子房是果实的雏形，一般从5月中上旬雌花末期开始至9—10月果实外果皮成熟开裂这段时间为果实发育时期，大约需要160 d。在果实发育过程中，其纵横径逐渐加大，果皮颜色由翠绿色逐渐变为黄绿色。多数品种在5月初至6月底时，果实发育迟缓，果实仍较小（图2-14），果实内的胚珠（果仁）呈液态，主要为液体胚乳；7月初至8月底，果实迅速膨大（图2-14），果实内的液体胚乳逐渐增多、变稠、凝固，胚从顶部开始发育；9月初至10月中旬，果实外观变化不大（图2-14），果实内部胚继续发育，胚乳逐渐消失。外果皮开裂时，果实发育成熟。

图2-14　果实发育外观变化

4. 根系生长

3月中下旬温度转暖，在新梢尚未生长之前，根系就已进入快速生长期，并在5月底6月初达到生长高峰，随后进入缓慢生长期直至9月中旬。进入9月底至整个冬季，薄壳山核桃根系生长非常缓慢。

5. 落叶与休眠

在果实成熟后不久，11月上旬开始落叶（因品种而异）。随后进入休眠期，一直持续到翌年3月中下旬芽萌动前。

第三节 薄壳山核桃对环境条件的要求

一、对温度的要求

1. 有效积温

积温是决定薄壳山核桃是否适宜栽植的重要因子。根据薄壳山核桃的商业化栽培区来看，其适宜种植在积温相对较高的地区。薄壳山核桃生长所要求的最基本温度是 10 ℃，要求≥10 ℃年积温为 3 300～5 400 ℃，在这个范围内越高越好。积温低的地方，不能满足树体生长发育的需要，尤其是南方型品种，生长期较长，要求积温较高。在积温低的区域种植会导致果仁不饱满，甚至出现空壳的现象。薄壳山核桃作为果用栽植时，需考虑有效积温的影响。

2. 平均温度

最适合薄壳山核桃的温度条件是，夏季月平均温度在 24～29 ℃，且白昼温差相对较小。美国得克萨斯州薄壳山核桃主要产区 7—9 月平均温度约为 27 ℃。不同于核桃，高温不是限制薄壳山核桃生长的气候因子。

3. 极端温度

从薄壳山核桃原产地的自然分布来看，薄壳山核桃能耐－29 ℃的低温，该温度是指生存温度，当薄壳山核桃用作园林绿化和观赏树种种植时可参考该指标，但作为果园种植时，是不可取的。作为园林绿化的树种偶然霜冻对抽条无关大局，但作为果园则影响产量。作为果园栽植时，最低温要求不超过－22 ℃。薄壳山核桃受低温冻害时，其症状表现为枝条或者树干纵向开裂、树皮与木质部分离、枝条凹陷、树皮内部褐变等。薄壳山核桃为喜光、强阳性的树种，能耐 46.5 ℃的高温。

4. 需冷量与需热量

薄壳山核桃在经历冬季短暂的低温后可打破休眠，有利于进行花芽分化。薄壳山核桃芽的萌发可不需经历低温的积累，只需热量积累到一定程度后即可。但不经低温积累时，薄壳山核桃萌芽率低，且萌芽时间参差不齐（整齐度低），因而经过一定的低温积累对薄壳山核桃生长是有利的。薄壳山核桃发芽所要的需冷量通常为 100 h，不同品种需冷量有所不同。在低于 7.2 ℃的条件下，'德西拉布''马罕'需要 500 h，'斯图尔特'需要 600 h。值得一提的是，虽然薄壳山核桃芽萌发可不需要低温诱导，但雌花芽的形成需要一定的低温积累量。对于无霜期较长，如超过 300 d 的地区或冬季寒冷度（温度≤7.2 ℃低温持续的时长）较低的地区，则不能满足薄壳山核桃对低温的要求。在这些地区的薄壳山核桃虽然能生存，但产量和树体寿命均不理想。

萌芽时间是由需热量（热量的积累量）和需冷量（低温的积累量）控制的，是两者相互作用的结果。低温积累的时间越长，薄壳山核桃萌芽所需的热量越少；而当热量积累越多，薄壳山核桃不需要经过低温处理就可萌芽，即需热量与需冷量成反比。如果冬季低温的积累量较多，则春季萌芽时所需要的热量较少。相应的，如果冬季低温的积累量较少时，春季萌芽所需要的热量就会增加。

二、对其他主要环境条件的要求

1. 土壤

薄壳山核桃原产地集中在密西西比河及其支流的冲积平原，土层深厚，土质疏松。薄壳山核桃是深根性树种，成年树的根系可深达 3～4 m 甚至更深，侧根主要分布在表层下 30～60 cm 的范围。栽植薄壳山核桃时，要求土层深度至少为 1 m，土质为疏松的沙壤土。理想的土壤结构是土占 50%，水为 25%，空气 25%。土壤质地过于黏重，易造成排水不良，通气性差，需要利用有机肥进行土壤改良。植株体一系列的生理活动均离不开氧气的参与，排水不良时会诱导根系进行无氧呼吸，造成有毒物质的产生，进而导致水分和矿质营养的吸收量急剧降低，且容易诱发根系病害。薄壳山核桃具有一定的耐水湿性能，在水沟或池塘边长势良好，但长时间的浸水会造成涝害。

薄壳山核桃对土壤的 pH 值要求不是很严格，但 pH 值为 5.5～8.0 较为适宜，中性土壤最好，微酸、微碱均可生长。盐碱过重的土壤不宜建园，土壤过酸、过碱都会造成土壤中营养的不平衡，引起缺素症。

2. 无霜期

无霜期是指终霜和初霜之间的时期，无霜期长，则植物的生长季长。如果无霜期短，早春晚秋易遭受霜害，早春花芽遭受霜害后影响正常的开花坐果，晚秋遭遇霜害，可导致晚熟品种枝条受冻害和抽条，冻坏未成熟的果实。薄壳山核桃的无霜期要求为 240～280 d，主产区无霜期多在 220 d 以上，绝大多数品种要求的无霜期为 180～220 d。

3. 水分

水分是薄壳山核桃产量及品质的保证。结果树在授粉后至果实膨大期，这段时间如果缺水，将导致果实偏小。在果实灌浆期水分不足，将导致果仁不饱满。在果实发育末期水分不足，将导致外果皮不开裂。而在果实成熟后的生长季末期缺水，将影响光合作用，导致碳水化合物的积累减少，影响下一年的长势及产量。在美国，薄壳山核桃原产地水分较充足的地区，降水量一般为 1 000～1 600 mm，干旱地区的降水量为 500～800 mm。与潮湿的地区相比，干旱地区的薄壳山核桃生长缓慢，疮痂病、黑斑病、褐斑病等真菌病害要轻于潮湿的地区，但是需要经常灌溉，以满足果实发育的需要。即使年平均需水量在 1 000 mm 以上的地区，在遭遇干旱的时候，亦需要进行灌溉。因而，种植者需要配置灌溉设施，特别是在立地条件为丘陵山地时，灌溉设施尤为重要。

4. 光照

薄壳山核桃是喜光树种，光照不良直接影响树体的光合作用，进而影响坚果产量和品质，光照不良还可导致树体较早落叶。得克萨斯州东北部地区的光照强度低于西部地区的，得克萨斯州薄壳山核桃高产地区往往出现在其西部，说明光照强度与产量具有一定的相关性。

5. 风

风是薄壳山核桃顺利进行授粉必要的环境因子。在无风的条件下，薄壳山核桃授粉受到影响，可导致产量降低。在湿润地区，良好的通风条件可使叶片及果实表面快速干燥，从而降低病害的发生。但强风易导致枝条折断，对薄壳山核桃生长不利。

第三章 薄壳山核桃种质资源

在美国，有近千个薄壳山核桃品种，其中，商业化品种有百余个，大量栽培的有几十个。20世纪初，薄壳山核桃开始被引入我国，经过了上百年的引种栽培。目前国内规模化栽培的品种以引进为主，同时也有部分自主选育。不同种质资源表现出各种不同的性状，系统了解每份种质资源的特性，是进行品种准确鉴定的前提，也是薄壳山核桃产业健康发展的保障。

第一节 薄壳山核桃种质资源多样性

一、果实形态多样性

薄壳山核桃果实形态表现出丰富的多样性。坚果形状有近圆形、椭圆形、卵圆形、倒卵形（图3-1）。果基和果顶形态有锐尖、渐尖、突尖、钝形、微凹（图3-2）。根据外果皮纵棱（缝合线）的形态，分为凸起和不凸起。根据外果皮是否有斑纹，可将其分为有、无两种类型（图3-3）。

近圆形　椭圆形　卵圆形　倒卵形

图3-1　不同种质坚果形状

果顶锐尖 果基锐尖　果顶渐尖 果基锐尖　果顶突尖 果基钝形　果顶钝形 果基锐形

图3-2　不同种质坚果果顶和果基形态

纵棱凸起明显 无斑纹　纵棱凸起不明显 无斑纹　纵棱突起不明显 有斑纹

图3-3　不同种质外果皮形态

二、雌花柱头多样性

不同种质薄壳山核桃的柱头存在较大差异（图3-4）。根据雌花柱头的开裂程度，可分为不开裂、开裂角度小于45°、倒“八”形（开裂角度大于45°）；根据柱头表面光滑程度的不同，分为光滑、有突出状腺质细胞；根据柱头颜色的不同，可分为翡翠绿、紫红、酒红、浅黄色。

倒“八”形 酒红色 光滑 | 不开裂 紫红色 有突出状腺质细胞 | 倒“八”形 翡翠绿 光滑 | 开裂角度中等 浅黄色 光滑 | 开裂角度小 浅黄色 有突出状腺质细胞

图 3-4 不同种质柱头形态

三、叶片形态多样性

薄壳山核桃有的品种叶片质地较为柔软（草质），如‘斯图尔特’‘绍兴’；有的品种叶片为革质且有光泽，如‘波尼’‘马罕’。薄壳山核桃叶片呈镰刀状弯曲，不同品种弯曲程度各异，‘马罕’靠近叶轴基部的小叶，其弯曲程度特别明显。部分品种间叶尖朝向较为特殊，多数品种叶尖下垂，少数品种叶尖不下垂（朝向空中），与叶基处于同一平面，如‘波尼’。此外，不同品种小叶锯齿的形态也有所区别，有些品种锯齿深且分布密度大，如‘波尼’‘福克特’；而有些品种锯齿浅且分布稀疏，如‘斯图尔特’‘绍兴’。如图3-5至图3-7所示。

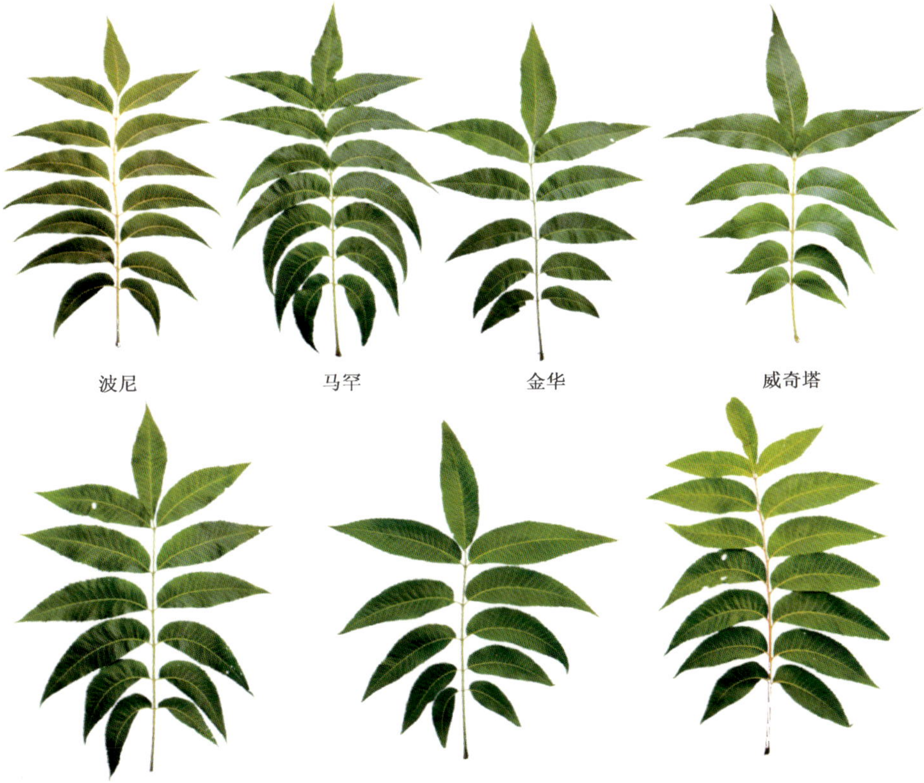

图 3-5 不同品种叶片形态俯视图

图 3-6　不同品种叶片形态侧视图

图 3-7　代表性品种锯齿形态

第二节　薄壳山核桃主要的优良种质

一、坚果相关特性

坚果的果壳是木质化的石细胞，属于植物形态学上的内果皮。果壳上有腹缝线（Suture）。坚果的纵径是指果基和果顶连接线的长度，横径是指坚果中部两端腹缝线之间的距离长度（图 3-8）。

果壳内的果仁（种子）即为食用部分。果仁外部有脊沟（Dorsal groove）和次脊沟（Secondary dorsal groove），有的品种无次脊沟。腹沟（Ventral groove）存在于果仁内部，从果仁连接部（Lobe connection）延伸到果仁基部，有的品种没有该结构（图 3-9）。

图 3-8 坚果形态

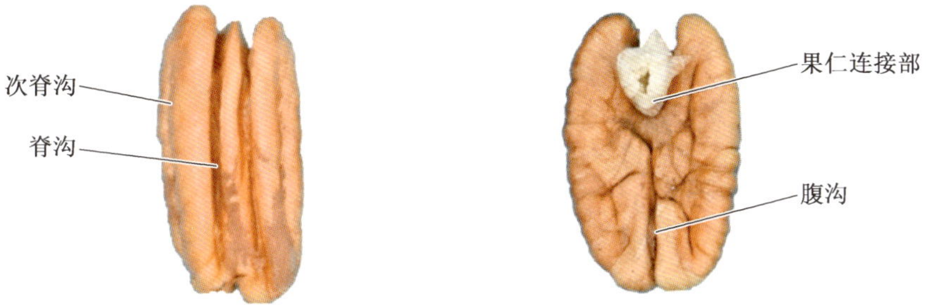

图 3-9 果仁形态

薄壳山核桃的大小年现象非常普遍，通常用大小年指数（Alternate bearing index）I 来表示，I 为 0 时表示没有大小年；I 为 1 表示绝对大小年，即隔年结果。

大小年指数（I）计算公式为：

$$I=\frac{\left(\frac{|a_2-a_1|}{a_2+a_1}+\frac{|a_3-a_2|}{a_3+a_2}+\cdots+\frac{|a_n-a_{n-1}|}{a_n+a_{n-1}}\right)}{n-1}$$

式中：a_n 代表第 n 年的产量。

果形指数是坚果形态中重要的指标，与果仁的商品性息息相关。消费者通常倾向于果形指数较大的坚果。

果形指数（F）计算公式为：

$$F=\frac{\text{坚果纵径}}{\text{坚果横径}}$$

出仁率是重要的选优指标，出仁率高代表可食用部分占比高，因而经济价值也越高。

出仁率（N）计算公式为：

$$N=\frac{\text{果仁重}}{\text{坚果重}}\times 100\%$$

二、引进品种简介

1. 波尼（Pawnee）

1963 年杂交，亲本：‘Mohawk’ × ‘Starking Hardy Giant’，发布于 1984 年。品种形态特征如图 3-10 至图 3-16 所示。

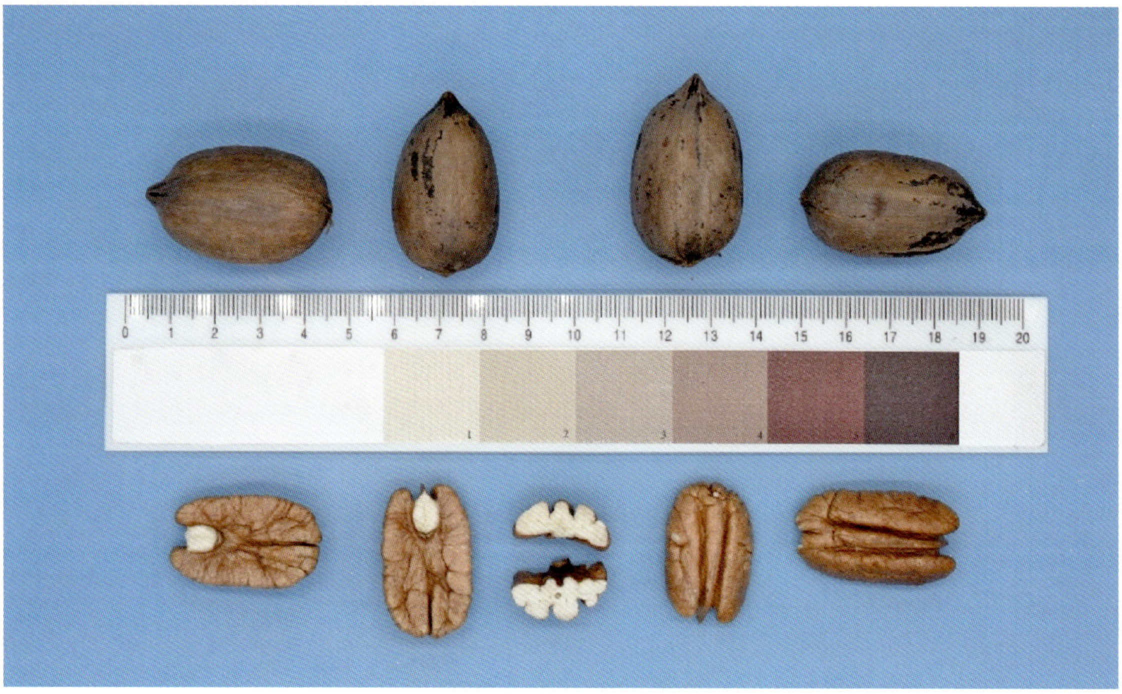

图 3-10　‘波尼’坚果

图 3-11　‘波尼’雌花

图 3-12 ‘波尼’雄花

图 3-13 ‘波尼’幼果

图 3-14　‘波尼’果实

图 3-15　‘波尼’丰产状

图 3-16　‘波尼’树形

雄先型，雌花可授期在 5 月上旬，雄花散粉期在 4 月底至 5 月初，雌雄花期部分不相遇，需配置授粉树，可与‘马罕’‘威奇塔’‘肖尼’相互授粉，果实成熟期通常在 9 月中下旬。雌花柱头呈紫红色，雄花序相对粗短。自然生长的树形，其短果枝相对较多，较丰产。坚果椭圆形，果形指数 1.85，果顶钝尖，果基圆，横切面扁平，平均单果重 8.10 g，出仁率 57.10%。易脱壳。果仁金黄色，脊沟宽，脊沟靠果基部分深裂。坚果成熟早。

该品种早实，大小年指数为 0.6。抗病性中等。

‘波尼’是综合性状比较优良的品种，在我国的江苏、安徽、江西、浙江、云南、陕西等地均表现出较好的适应性。

2. 马罕（Mahan）

该品种母树产自美国密西西比州，为实生选育，亲本不详。品种形态特征如图 3-17 至图 3-21 所示。

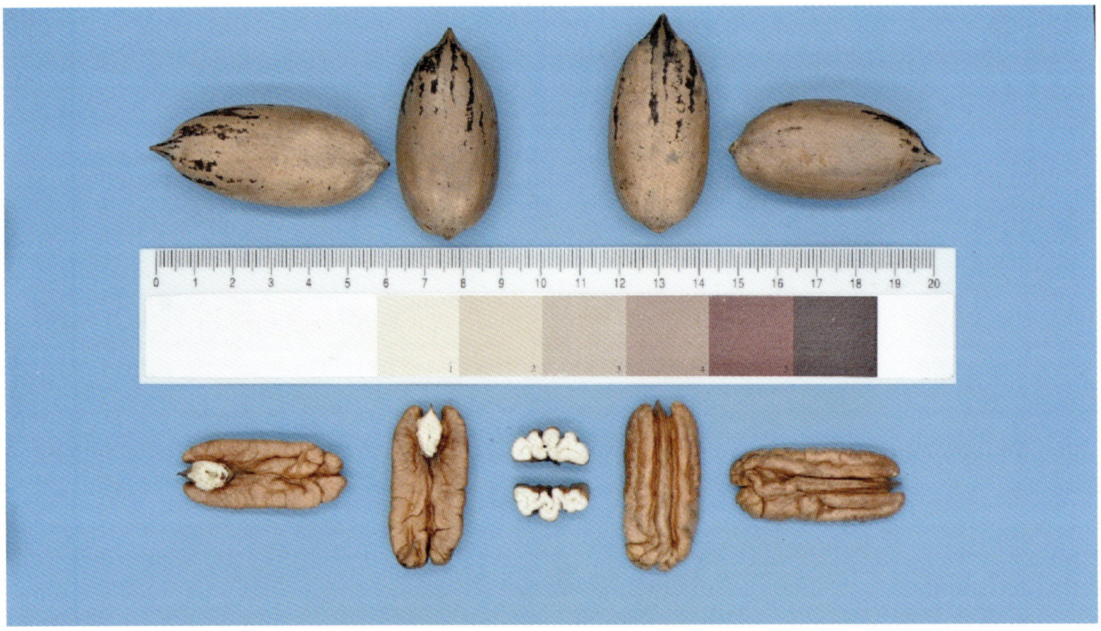

图 3-17　‘马罕’坚果

图 3-18　‘马罕’雌花

图 3-19　‘马罕’雄花

图 3-20　‘马罕’幼果

图 3-21 ‘马罕’成熟果

雌先型，雌花可授期为 4 月下旬至 5 月初，雄花散粉期在 5 月上旬，雌雄花不相遇，自花不结实，需配置授粉树，授粉树可选择的雄先型的‘波尼’‘德西拉布’‘卡多’品种。坚果长椭圆形，果形指数 2.24，果顶尖，果基钝，坚果较大，平均单果重 11.36 g，出仁率 56.4%，含油率 62.45%。易脱壳。果仁次脊沟深，基部开裂，有时基部不饱满。坚果成熟晚，口感好。

该品种早实丰产，有超负载倾向，大小年指数为 0.74，抗病力较弱。

‘马罕’对水肥要求较高，管理粗放时，果仁不饱满。

3. 威奇塔（Wichita）

1959 年发布，亲本：‘Halbert’×‘Mahan’，选育单位为美国农业部薄壳山核桃试验站。品种形态特征如图 3-22 至图 3-27 所示。

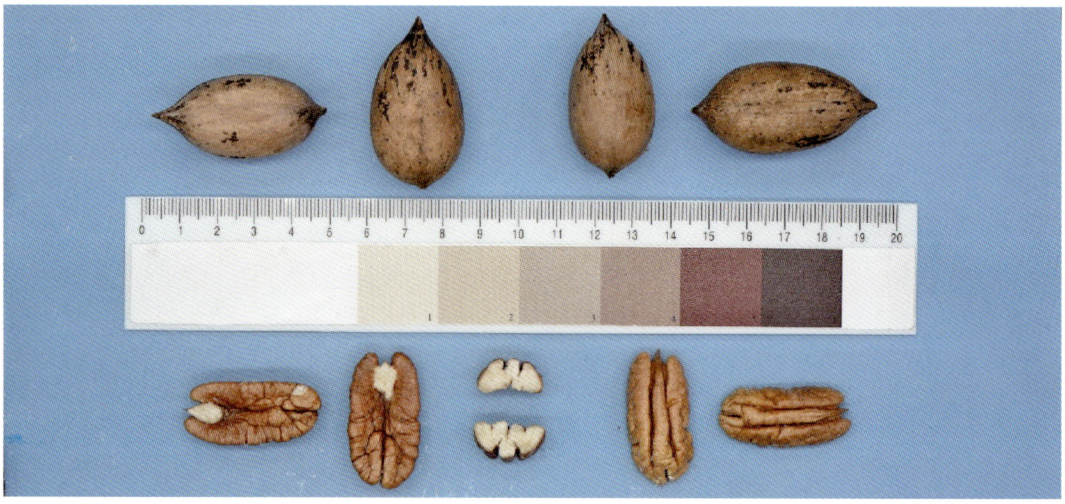

图 3-22 ‘威奇塔’坚果

图 3-23 ‘威奇塔’雌花

图 3-24 ‘威奇塔’雄花

图 3-25　‘威奇塔’幼果

图 3-26　‘威奇塔’果实

图 3-27　‘威奇塔’成熟果

雌先型，雌花可授期 4 月底至 5 月初，雄花散粉期 5 月上旬，自花不能结实。嫁接后可在第 4 年开始结果，较早实。坚果长椭圆形，果形指数 2.08，顶尖较锐而不对称，果基尖，平均单果重 7.7 g，出仁率 64.2%，含油率 66.2%。易脱壳。

该品种果实外形美观，果形较大，结果早。大小年指数为 0.67，易感疮痂病。

‘威奇塔’在早实性、丰产性、商品性方面均较优，但在多雨的苏南、皖南地区，病害较为严重，适宜在湿度较小的地区栽植。

4. 卡多（Caddo）

1968 年发布，亲本为‘Brooks’×‘Alley’，选育单位为美国农业部薄壳山核桃试验站。品种形态特征如图 3-28 至图 3-33 所示。

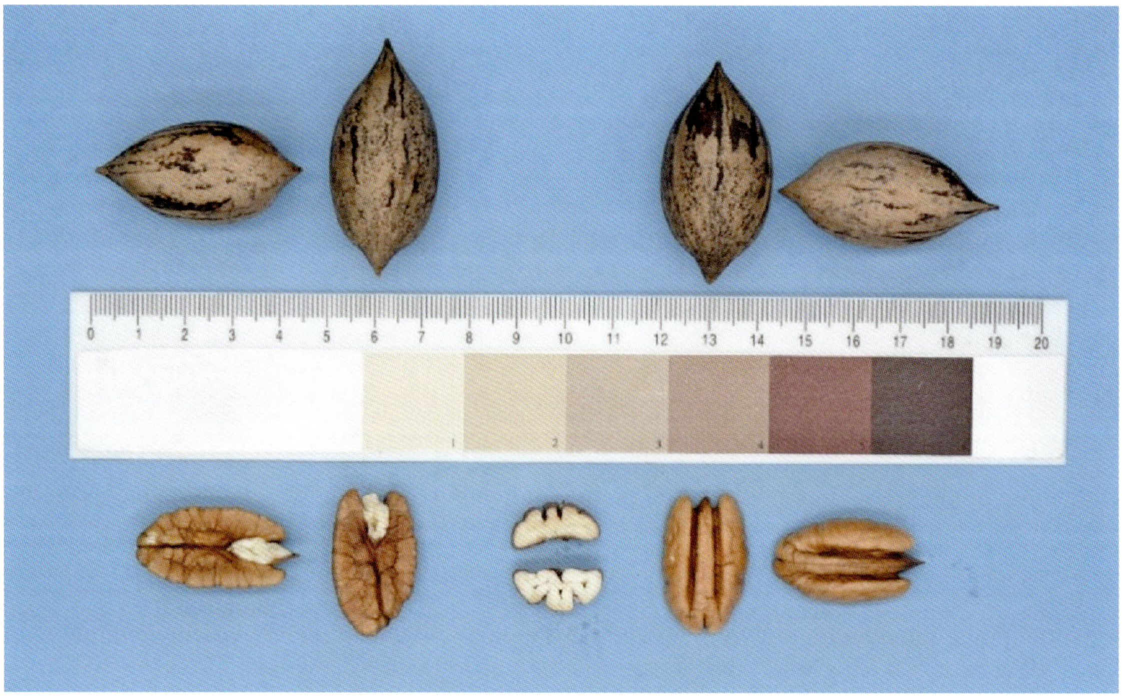

图 3-28 ‘卡多’坚果

图 3-29 ‘卡多’雌花

图 3-30　‘卡多’雄花

图 3-31　‘卡多’幼果

图 3-32　‘卡多’果实

图 3-33　‘卡多’成熟果

雄先型，雄花序较粗短，雌花柱头呈绿色，果实纵棱凸起较明显。坚果椭圆形，趋橄榄形，果顶渐尖、果基锐尖，平均单果重 6.85 g，出仁率 53%。果仁金黄色，脊沟宽，品质优。

该品种早实丰产，大小年指数为 0.32，隔年结果不明显。‘卡多’是为数不多大小年不明显的品种，但该品种对水分较为敏感。如在 8 月份遇长期干旱后突降大雨的情况，外果皮容易开裂，造成落果。

‘卡多’适宜在适度干旱的地区栽植，在我国东部省份可作为授粉树少量栽植。

5. 斯图尔特（Stuart）

实生选种而来，是美国最著名的品种之一，久经考验，曾长期作为标杆品种。品种形态特征如图 3-34 至图 3-37 所示。

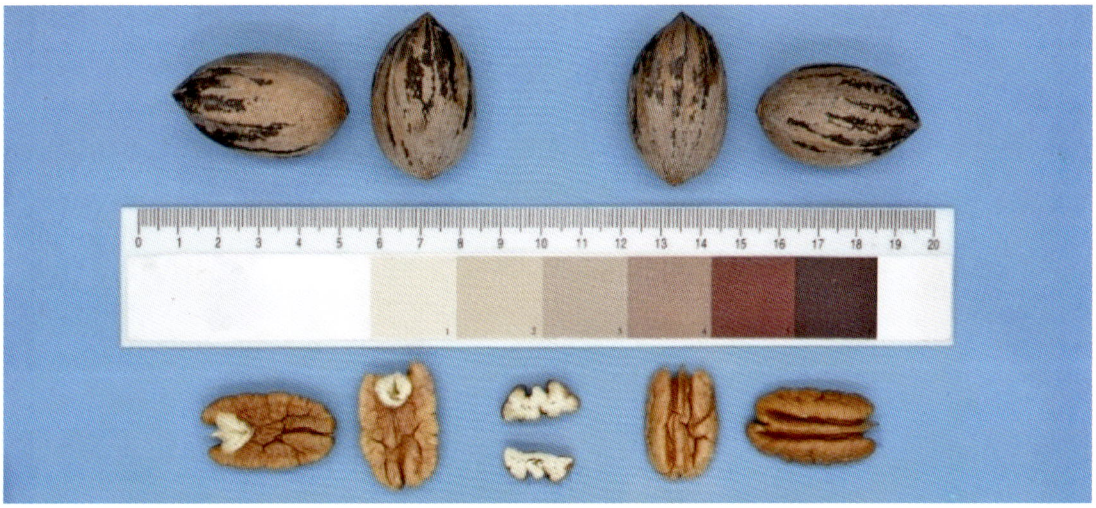

图 3-34　‘斯图尔特’坚果

图 3-35　‘斯图尔特’雌花

图 3-36　‘斯图尔特’果实

图 3-37　‘斯图尔特’成熟果

雌先型。坚果中等偏圆，近卵圆形，果形指数 1.59，果顶、果基钝，坚果横断面圆形，平均单果重 9.26 g，出仁率 46%，含油率 72%。脱壳性中等。果仁充实饱满，壳厚 1.25 mm。

该品种丰产性良好，进入丰产期后产量远高于其他品种，大小年指数为 0.47，稳产，但结果较晚。抗霜冻、抗风，抗疮痂病。

‘斯图尔特’在我国早期常被误认为‘威斯顿’。虽然该品种在美国表现优良，但在我国，经多年的引种栽培发现，其丰产性较为一般，而速生性较优。

6. 西奥克斯（Sioux）

1962 年发布，亲本为‘Schley’×‘Carmichael’，选育单位为美国农业部薄壳山核桃试验站。品种形态特征如图 3-38 至图 3-41 所示。

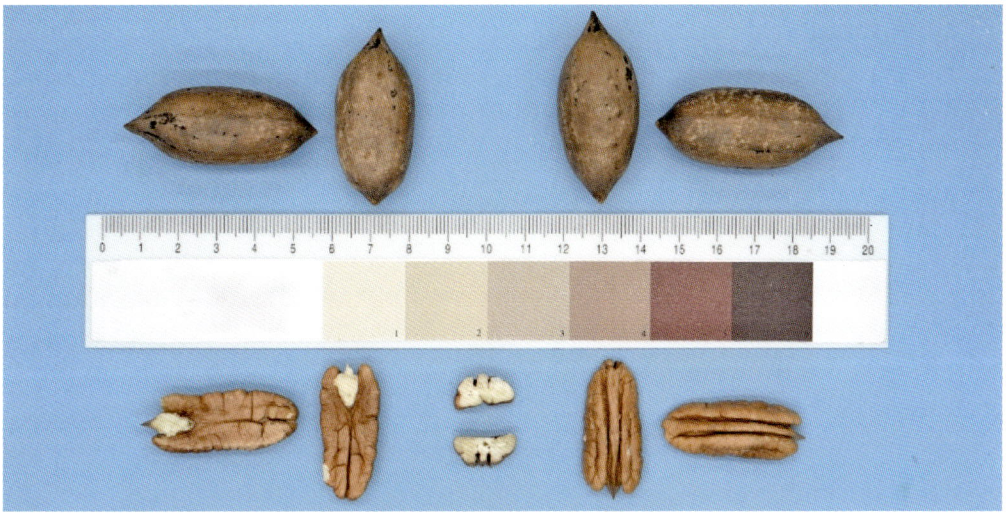

图 3-38　‘西奥克斯’坚果

图 3-39　‘西奥克斯’雌花

图 3-40 ‘西奥克斯’幼果

图 3-41 ‘西奥克斯’青果

雌先型。坚果长椭圆形，果基果顶锐尖，坚果较小，平均单果重 6.49 g，出仁率 55%。坚果品质优良，壳薄。果仁颜色美观，浅黄色，饱满充实，果仁脊沟窄。有隔年结果现象，大小年指数为 0.64，易感疮痂病。

7. 德西拉布（Desirable）

1948 年发布，亲本为‘Success’×‘Jewett’。品种形态特征如图 3-42 至图 3-46 所示。

图 3-42 ‘德西拉布’坚果

图 3-43 ‘德西拉布’雌花

图 3-44　‘德西拉布’幼果

图 3-45　‘德西拉布’果实

图 3-46 ‘德西拉布’成熟果

雄先型。坚果椭圆形，果基钝、果顶尖，果实横断面圆形，果壳粗糙。大果型品种，平均单果重 11.63 g，出仁率 54%。坚果品质优良，易脱壳。果仁金黄色，脊沟宽。

该品种丰产，大小年指数为 0.4。果序中有自疏落果现象，抗疮痂病能力差。

8. 福克特（Forkert）

‘福克特’形态特征如图 3-47 至图 3-48 所示。

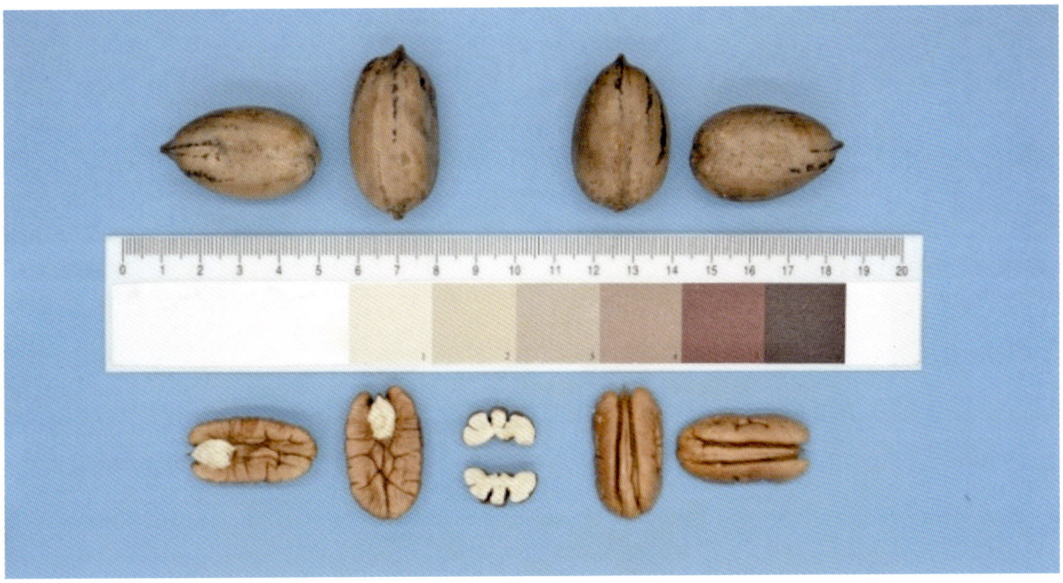

图 3-47 ‘福克特’坚果

图 3-48　‘福克特’果实

雌先型品种，果实成熟期与‘斯图尔特’相近，为 10 月下旬。坚果长椭圆形，果顶突尖、果基钝，果壳凹凸不平，皮薄，单果重 9.3 g，出仁率 60.0%，易脱壳。果仁金黄，光滑。坚果品质优良，易感染疮痂病。

‘福克特’坚果壳薄，果仁外形大，品质优良，是带壳薄壳山核桃消费市场较受欢迎的品种。

9. 肖尼（Shawnee）

1968 年发布，亲本为‘Schley’×‘Barton’，选育单位为美国农业部薄壳山核桃试验站。品种形态特征如图 3-49 和图 3-50 所示。

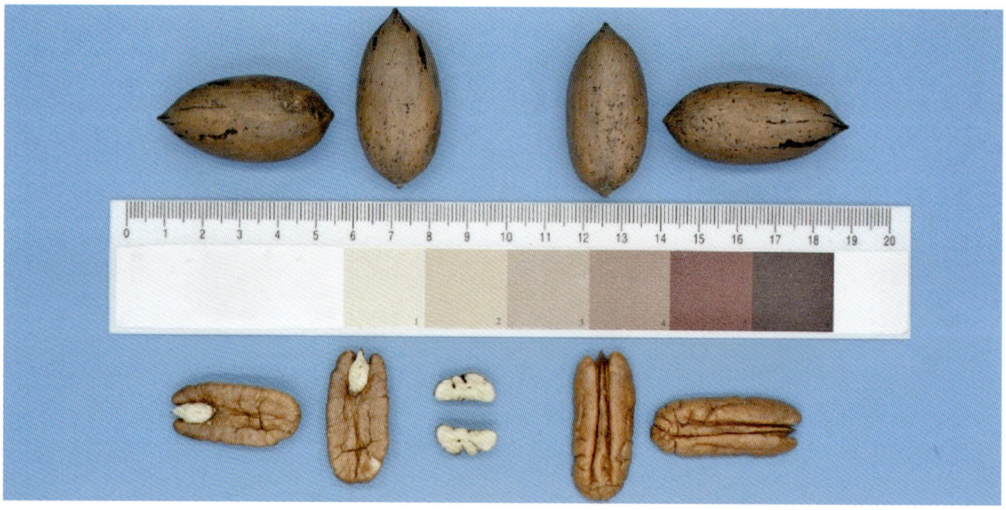

图 3-49　‘肖尼’坚果

图 3-50　‘肖尼’果实

雌先型。坚果果顶和果基钝，果壳薄，平均单果重 9.52 g，出仁率 57%，易脱壳。果仁金黄色，脊沟窄。

该品种大小年指数为 0.7，抗疮痂病能力差。

10. 金奥瓦（Kiowa）

1976 年发布，亲本为‘Mahan’×‘Odom’，选育单位为美国农业部薄壳山核桃试验站。

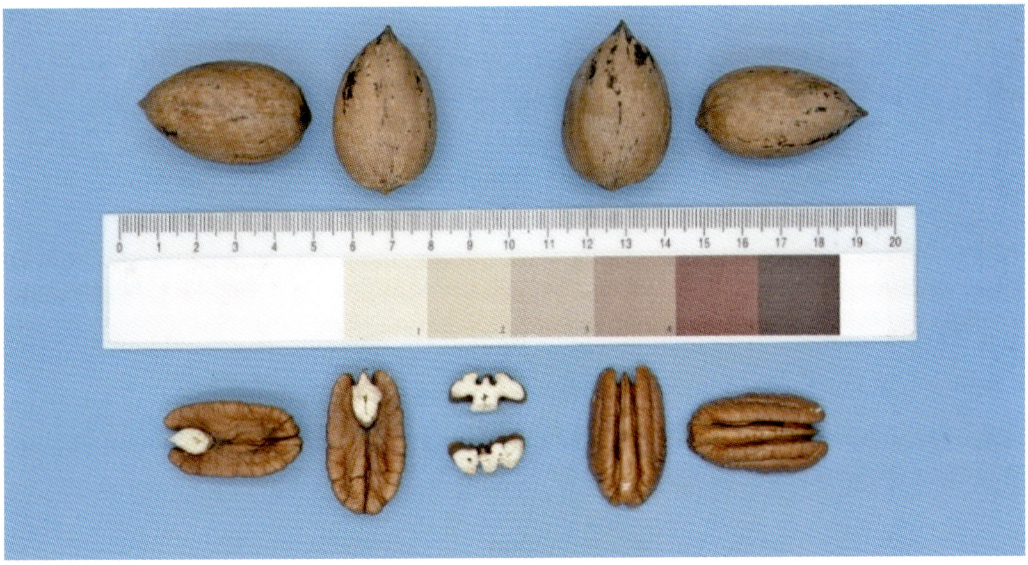

图 3-51　‘金奥瓦’坚果

雌先型。坚果长椭圆形，果顶尖、果基钝（图 3-51），坚果横断面圆形，平均单果重 11.11 g，出仁率 58%。果仁金黄色，脊沟宽。

该品种为晚熟品种，早实丰产，大小年指数为 0.65，易感疮痂病。

11. 肖肖尼（Shoshoni）

1972 年发布，选育单位为美国农业部薄壳山核桃试验站。

雌先型，雌花可授期 5 月上旬，雄花散粉期 5 月中旬，自花不能结实。生长旺盛，具有腋芽结果习性。早果性强，嫁接后 3 年始果。坚果短椭圆形（图 3-52），果形指数 1.37，平均单果重 9.06 g，出仁率 55.0%，含油率 73.9%。

该品种 10 月中旬成熟，为中熟品种，成熟集中，易于采收，大小年指数为 0.63。抗黑斑病、疮痂病性较差。

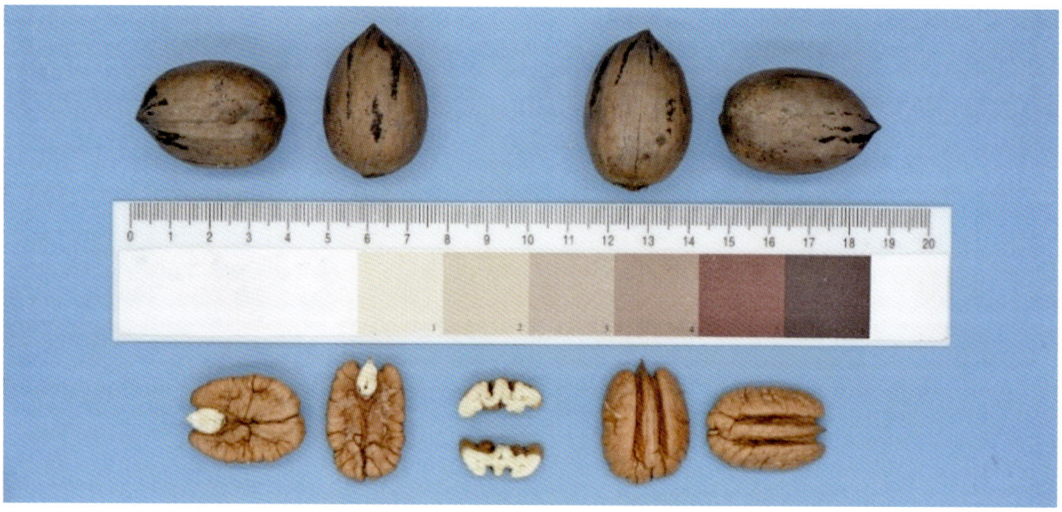

图 3-52　‘肖肖尼’坚果

12. 尼克罗（Nacono）

‘尼克罗’（图 3-53）于 2000 年发布，亲本为‘Cheyenne’×‘Sioux’。

雌先型，果实成熟期为 10 月初。坚果长椭圆形，果顶和果基尖，其果型大、果实品质优，平均单果重 10.8 g，出仁率 53%。

该品种对疮痂病有一定的抗性。

13. 科尔比（Colby）

‘科尔比’（图 3-54）是 1957 年发布的品种，亲本不详。

雌先型，雌花可授期在 5 月初，雄花散粉期大约在 5 月中旬，果实成熟期较早，为 9 月中旬。果实外果皮有皱褶，坚果长椭圆形，果基钝、果顶尖，平均单果重为 7.5 g，出仁率为 47.0%。果壳较厚，抗病性较强。

该品种成熟较早，可在无霜期短的地区种植。

图 3-53 ‘尼克罗’雌花

图 3-54 ‘科尔比’果实

14. 克里克（Creek）

1996 年发布，亲本为‘Mohawk’ × ‘Starking Hardy Giant’。

雄先型，雌雄花期部分相遇，自花可结实，果实成熟期在 10 中旬。坚果椭圆形，果顶、果基圆，平均单果重 8.2 g，出仁率 48.0%。果仁色泽金黄。坚果品质一般。

该品种早实性优，嫁接后通常仅需约 3 年的时间即可挂果。在光照条件不良的地方，其枝条亦能产生雌花芽并正常发育为果实，因而该品种可在高密度的栽植园里种植。

‘克里克’坚果品质一般，不推荐作为主栽品种，可作为幼龄果园的临时结果树。

15. 威斯顿（Western）

1924 年发布，为实生选育的品种。

雄先型，雌雄花期 5 月上旬至中旬，自花不能结实，中熟品种，果实成熟期在 10 月中下旬。坚果长椭圆形，果形指数 1.98，果顶锐尖，果基尖，平均单果重 7.5 g，出仁率 51.9%，含油率 63.7%，风味香甜。嫁接后 4～5 年可结果，大小年指数为 0.72，大小年明显。该品种耐热、抗旱，易感病。

16. 埃利奥特（Elliott）

1925 年发布，为实生选育的品种。

雌先型。坚果卵圆形，果顶锐尖，果基钝，坚果横切面圆形，坚果较小，平均单果重 6.85 g，出仁率 53%。果仁金黄色，脊沟宽，基部深裂，果仁饱满。坚果品质优良，果壳中等厚，易脱壳。萌芽早，易受早霜危害。

该品种结果较晚，大小年指数为 0.68，大小年明显，产量中等。抗疮痂病。

常作为砧木用。

17. 堪萨（Kanza）

1996 年发布，亲本是‘Major’ × ‘Shoshoni’，选育单位为美国农业部薄壳山核桃试验站。

雌先型。坚果较小，卵圆形，果顶尖、果基钝圆，横断面圆形；坚果较小，平均单果重 5.95 g，出仁率 54%。果仁金黄色，易脱壳。坚果早实丰产，大小年指数为 0.72，大小年明显。抗疮痂病。

该品种果实发育期短，适于北方栽培，与‘波尼’可互作授粉树。

18. 佩鲁奎（Peruque）

1953 年发布，实生选育的品种。

雄先型。坚果卵圆形，果顶钝、果基钝；坚果较小，平均单果重 5.62 g，出仁率 59%。果仁金黄色，果仁脊沟狭窄，基部深裂，品质优良，壳极薄似“纸皮”。早熟品种。抗疮痂病，在适宜的土壤条件下，丰产性较优。

19. 奥康尼（Oconee）

‘奥康尼’的亲本为‘Schley’×‘Barton’。

雄先型，果实成熟期为 10 月初。坚果椭圆形，果基果顶钝，平均单果重 9.5 g，出仁率 53.2%。果仁品质优，为美国佐治亚州广泛栽植的品种之一。

‘奥康尼’幼树大小年现象不明显，成年大树有大小年现象。光照不足时，该品种的产量会受到严重影响。

20. 萨塞斯（Success）

1903 年发布，实生选育的品种。为‘契可特’和‘莫汉克’的母本，‘巴顿’的父本。

雄先型。坚果卵圆形，果顶钝、不对称，果基钝，坚果横断面圆形，果顶部的黑色条斑重，果壳中等厚，平均单果重 9.43 g，出仁率 50%。果仁棕黄色或金黄色，脊沟宽而浅。

该品种丰产性优，大小年指数为 0.57，易感黑斑病和疮痂病。

21. 特贾斯（Tejas）

1973 年发布，亲本为‘Mahan’×‘Risien’，选育单位为美国农业部薄壳山核桃试验站。

雌先型。坚果长椭圆形，果基、果顶尖，横断面圆形，平均单果重 8.47 g，出仁率 54%。果仁脊沟宽而浅，壳薄，易脱壳。大小年指数为 0.77，易感疮痂病。

22. 契可特（Choctaw）

1959 年发布，亲本为‘Success’×‘Mahan’，选育单位为美国农业部薄壳山核桃试验站。

雌先型。坚果卵圆至椭圆形，果顶钝、果基尖，横断面圆形，青皮缝合线不明显；81 粒/kg，出仁率 58%，果仁乳黄色至金黄色，脊沟浅，壳极薄，易脱壳。

23. 莫汉克（Mohawk）

雌先型，雌雄花期相近，可部分自花结实。坚果椭圆形，长 4.3 cm，宽 2.4 cm，大果型品种。果顶、果基钝，横截面略显扁平。坚果外壳粗糙，有暗条纹；单果重 11.3 g，出仁率 59%。果仁金黄色至浅褐色。果实成熟期中等，早实性和丰产性均较优。大小年现象较为明显。该品种适应性较强，能耐一定的低温；具有一定耐水湿性，对疮痂病的抗性中等；但易受冻害，尤其是大年之后更甚。

24. 阿帕奇（Apache）

1962 年发布，亲本为‘Burkett’×‘Schley’，选育单位为美国农业部薄壳山核桃试验站。

雌先型。坚果卵圆形，果顶尖、果基钝，坚果横断面圆形；98 粒/kg，出仁率 59%。果仁金黄色，果仁基部明显裂开，壳薄，易于取仁。中熟品种。易感疮痂病。

该品种常用来培育砧木。

25. 巴顿（Barton）

1953 年发布，亲本为‘Moore’×‘Success’，选育单位为美国农业部薄壳山核桃试验站。

雄先型。坚果长，果顶钝，果基尖，坚果横断面圆形，青皮基部的缝合线色暗；104 粒/kg，出仁率 57%。果仁金黄色，次脊沟较深，易脱壳。中早熟品种，大小年指数为 0.81。

26. 凯普费尔（Cape Fear）

1941 年发布，‘施莱’的实生后代。

雄先型，雄花散粉较早。坚果椭圆形，果基、果顶钝，果壳条斑重，横断面圆形；98 粒/kg，出仁率 54%。果仁乳黄色至金黄色，脊沟宽，次脊沟深。早实、丰产，有结果过多的现象。该品种适于高密度栽培，但易感真菌性病害，大小年指数为 0.41。

27. 切尼（Cheyenne）

1970 年发布，亲本为‘Clark’×‘Odom’，选育单位为美国农业部薄壳山核桃试验站。

雄先型，雌雄花期部分相遇，自花不易结实。果型中等狭长，卵圆形，果形指数 2.14，果顶尖，果基圆钝，坚果断面圆形；126 粒/kg，出仁率 59%，含油率 72%，壳厚 0.74 mm，易脱壳，脊沟宽而浅。果仁淡乳黄色，质量最佳，品质好，售价高，市场上很抢手。该品种抗疮痂病性一般。早实丰产，大小年指数为 0.66。

该品种树体小，适宜于密植栽培模式。

28. 契卡索（Chickasaw）

1972 年发布，亲本为‘Brooks’×‘Evers’，选育单位为美国农业部薄壳山核桃试验站。

雌先型。坚果卵圆形，果顶尖、果基钝，横断面圆形；146 粒/kg，出仁率 55%。果仁金黄色，易脱壳。该品种易感疮痂病、易受冻害。

29. 詹姆斯（James）

由密苏里州的乔治吉姆实生选种而育成，是适合观赏的果用品种。

坚果长椭圆形，果顶尖，果基钝；155 粒/kg，出仁率 53%。壳薄，极易脱壳，真正的“纸皮”品种。该品种易感疮痂病。

30. 梅杰（Major）

1908 年发布，实生选种而来。

雄先型。坚果近于圆形，果基、果顶钝；170 粒/kg，出仁率 49%，果仁乳黄至金黄色，果仁脊沟宽而浅，果仁品质优，易脱壳。该品种为早熟品种，抗疮痂病。

31. 莫尼梅克（MoneyMaker）

1896 年发布，在得克萨斯州实生选种而来。

雌先型，雄花散粉期居中。坚果卵圆形，果基、果顶钝，横断面圆形，果壳中等，易脱壳；135 粒/kg，出仁率 50%，果仁浅棕色，主脊沟浅，次脊沟明显，果仁具皱纹。该品种坚果早熟，较为丰产，大小年指数为 0.68，抗疮痂病，幼树易受冻害。

32. 波西（Posey）

1911 年发布，实生选种而来。

雌先型。坚果卵圆形，果顶尖、果基钝，缝合线突起。138 粒/kg，出仁率 54%，果仁浅棕色，次脊沟明显，脱壳后易于得到半仁。该品种为早熟品种，抗疮痂病，抗霜冻，但扩繁较难。

33. 施莱（Schley）

1898 年发布，‘Stuart’的实生后代。

雌先型。坚果长椭圆形，果基和果顶锐尖，果形不对称；125 粒/kg，出仁率 62%。果仁脊沟较窄。该品种大小年指数为 0.85，易感疮痂病和溃疡病，抗蚜虫能力差。

34. 巨星寒（Starking Hardy Giant）

1950 年发布，由密苏里州的乔治吉姆实生选种而育成。

雄先型。坚果长椭圆形，果基、果顶钝，坚果横切面圆形；170 粒/kg，出仁率 58%。果仁脊沟窄，基部裂口窄，壳薄，易脱壳。早熟品种。

35. 赛普洛斯（Surprise）

亲本不详。

雄先型。坚果短椭圆形，果顶锐，果基钝；63 粒/kg，出仁率 51%。该品种脊沟宽，果仁腹面呈凹面。果实成熟期中等，较‘斯图尔特’晚约 6 d，抗病性强。

36. 杰克逊（Jackson）

1917 年发布，亲本为‘Success’×‘Schley’。

雄先型。坚果椭圆形，果基、果顶钝，82 粒/kg，出仁率 56%。果仁金黄色，脊沟宽，有次脊沟。抗病性中等。

三、我国自主选育品种简介

1. 金华

1980 年由浙江省科学院亚热带作物研究所选出，母本树位于金华地区幼儿园内（原为美国医生开办的福育医院）。品种形态特征如 3-55 至图 3-59 所示。

雌先型，5 月上旬开花，10 月中旬果熟。株产果 15 kg。坚果中等偏大，平均纵横径 4.2 cm×2.4 cm，重 9.9 g，坚果卵圆形，果顶、果基钝圆；壳厚 10 mm。果仁浅黄色，充实，易取，肉质细密，有香气，出仁率 54.2%，果仁含油率 78.7%，品质优良，丰产。

‘金华’是我国自主选育的综合性状较优的品种，但在早实性方面，一般比‘威奇塔’晚 2～3 年。

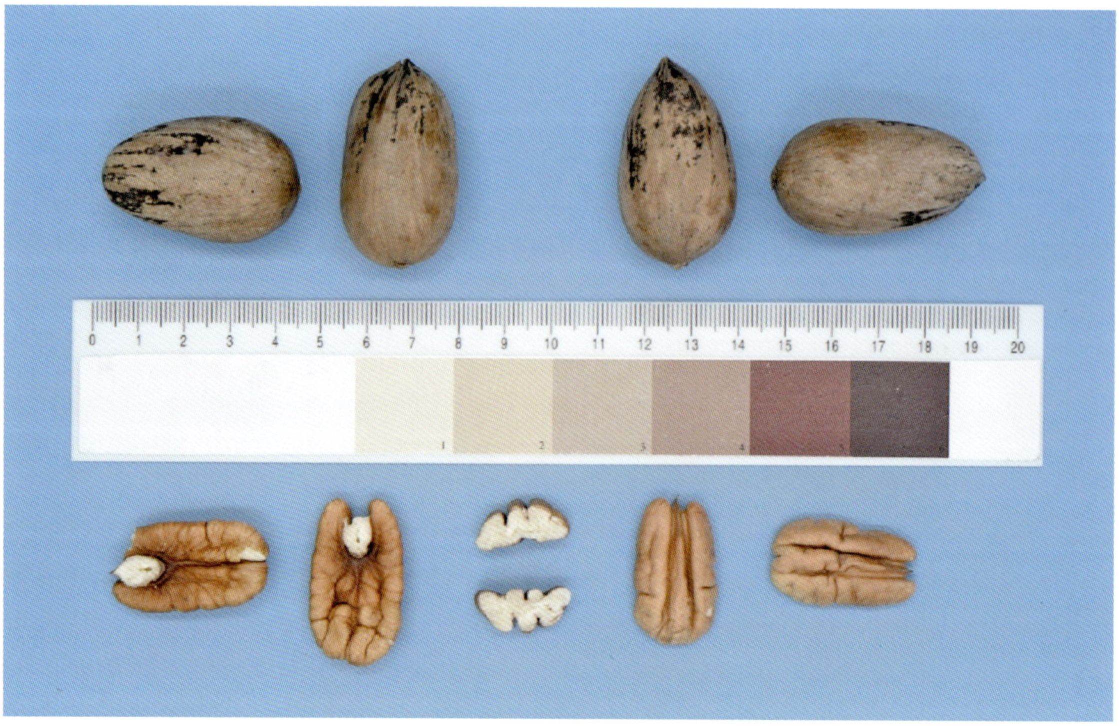

图 3-55　‘金华’坚果

图 3-56　‘金华’雌花

图 3-57 ‘金华’幼果

图 3-58 ‘金华’果实

图 3-59 ‘金华’成熟果

2. 绍兴

1980 年由浙江省科学院亚热带作物研究所选出，母本树位于浙江绍兴龙窟山茶牧场内。品种形态特征如图 3-60 至图 3-63 所示。

图 3-60 ‘绍兴’坚果

图 3-61　‘绍兴’雌花

图 3-62　‘绍兴’幼果

图 3-63　‘绍兴’成熟果

雌先型，5 月上旬开花，10 月中旬果熟。株产果 15 kg。坚果中等，平均纵横径 3.6 cm×2.2 cm，重 6.96 g，坚果近圆形；壳厚 11 mm。出仁率 47.3%，果仁含油率 73.8%，品质优良。

‘绍兴’速生性和丰产性均较优，但果实大小、果壳厚度方面有一定的缺陷，适合作为油用品种栽植。

3. 鼓楼

1957 年由浙江农学院园艺系选出。母本树在南京市鼓楼附近，故名。

选育时的树龄为 54 年，树高 20.6 m，树势中庸，树姿半开张，一年生枝下部紫褐色，先端灰白色，皮孔大，圆形，黄褐色。羽状复叶，有小叶 11～17 片，色深绿。总苞 4 棱呈微凸起。5 月中下旬开花，10 月下旬果实成熟。坚果大，长椭圆形，平均纵横径 4.9 cm×2.1 cm，平均重 7.7 g，果面淡黄褐色；壳厚 0.9 mm。果仁味甘美，香气浓。出仁率 50.6%，果仁含油率 63.9%。肉质细嫩，品质优良，是丰产性品种。

4. 莫愁

1957 年由浙江农学院园艺系选出。母本树在南京市莫愁路一宅院内，故名。

选育时的树龄为 52 年，树高 24.3 m，树势强健，树姿开张，一年生枝粗壮，暗绿褐色，皮孔为椭圆形或长条形，黄褐色。羽状复叶有小叶 11～15 片，色浓绿。总苞 4 棱呈翼状凸起。雌先型，花期 5 月上中旬，果实 10 月下旬至 11 月上旬成熟。坚果大，椭圆形，果形指数 1.86，平均纵横径 3.8 cm×2.5 cm，平均重 7.8 g，果面褐色。壳厚 1.3 mm。果仁肥大，肉质致密，味甘美，有香气，出仁率 42.3%，果仁含油率 68.4%，品质良好。丰产。

5. 钟山

1957 年由浙江农学院园艺系选出。母本树在南京市中山陵园。

选育时的树龄为 27 年，树高 9 m，树势强健，生长旺盛。一年生枝粗壮，淡黄褐色，嫩梢密被灰黄色茸毛，皮孔大，椭圆形，黄褐色。叶色深绿。总苞 4 棱呈翼状突起。5 月中旬开花，10 月下旬至 11 月上旬成熟。坚果中等大，长卵圆形，平均纵横径 3.8 cm×2.3 cm，平均重 7 g，果面黄褐色；壳厚 0.9 mm。果仁肥厚，味甘美，香气浓，肉质细嫩，出仁率 54.3%，果仁含油率 73.4%，品质优良。

6. 钟山 25

1974 年由江苏省中国科学院植物研究所选出，母本树在江苏省中国科学院植物研究所（南京中山植物园）内。品种形态特征如图 3-64 至图 3-65 所示。

选育时的树龄为 15 年，树高 8.5 m，树势旺盛，树姿开张，树皮呈块状剥裂；羽状复叶有小叶 9～13 片，叶色黄绿。雌先型，5 月上中旬开花，10 月中下旬果熟。坚果较大，圆形，单果重 9.8 g，果顶平，果肩宽，纵棱明显，果面土黄色，果顶有粗黑条斑延及坚果中部，并稀布黑色斑点；壳厚 0.9 mm。果仁肥厚，质致密，味甘美，有香气。出仁率 45%，果仁含油率 74.2%，品质优良。

该品种丰产，但大小年现象明显。

图 3-64　‘钟山 25’雌花

图 3-65　‘钟山 25’果实

7. 钟山 26

1974 年由江苏省中国科学院植物研究所选出，母本树在江苏省中国科学院植物研究所（南京中山植物园）内。

选育时的树龄为 15 年，树高 8 m，树势中庸，树姿半开张，发枝力弱。叶色黄绿。雄先型，5 月中旬开花，10 月下旬果熟。坚果大，长椭圆形，纵棱明显，果面黄灰色，有粗黑条斑自果顶延及中部，并稀布黑斑点；壳厚 0.9 mm。果仁饱满，肉质脆嫩，香甜，出仁率 47.6%，果仁含油率 77.5%～78.3%，品质优良。

该品种丰产性不强，果大且含油率高为其主要特点。

8. 钟山 35

1974 年由江苏省中国科学院植物研究所选出，母本树在江苏省中国科学院植物研究所（南京中山植物园）内。

选育时的树龄为 17 年，树高 12 m，树势旺盛，树姿较开张，发枝力强，树皮光滑，裂纹细。叶浓绿色。雄先型，5 月上旬开花，10 月下旬果熟。坚果中等大，重 8.3 g；果面暗灰色，果顶集中有黑色细条斑；壳厚 1.0 mm。果仁饱满，质细嫩，味甘美，香气浓，出仁率 47%，果仁含油率 70.3%，品质优良。较丰产，大小年现象不明显。

该品种为‘钟山 25’的良好授粉树。

第三节 薄壳山核桃种质资源鉴定

一、形态学鉴定

薄壳山核桃不同品种雌花柱头的颜色和形态、果实的形状各有特点，特别是果实性状，是鉴定品种最可靠的形态学依据。但是，薄壳山核桃嫁接苗从定植到进入始果期所需的时间可长达5年，而多数新建果园是以幼树定植的。因此，以果实相关性状作为品种鉴定的依据并不是最佳方案。本书介绍‘波尼’‘马罕’‘威奇塔’叶片的特点，以期为从幼龄阶段识别这些品种提供参考。如图3-66所示。

典型的‘波尼’叶片呈革质、有光泽，其叶尖朝向较为独特，叶尖不下垂，这是‘波尼’区别于大多数品种的一个重要特征。‘马罕’叶片呈革质、有光泽，靠近叶轴基部叶片镰刀状弯曲非常明显，叶片上边缘和下边缘均呈弯曲状，叶尖非常细长，这是该品种的典型特征。‘威奇塔’叶片边缘呈现出较为明显的波浪状弯曲，叶尖同‘马罕’类似，同样较为细长。

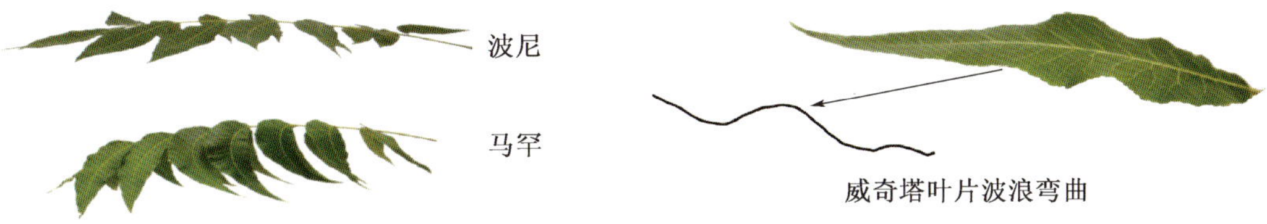

图3-66 叶片特点

以叶片作为品种鉴定的依据，需要相关人员具有一定的经验，因为同一品种的叶片会随着生长时间和环境的不同而产生较大的差异，即使同一植株不同部位的叶片，其形状也会有所区别。

二、分子鉴定

薄壳山核桃品种种类众多，品种间杂合度高，形态特征复杂，通过形态学手段难以区分亲缘关系较近的品种。即使有些品种某些性状较为特异，但由于形态特征易受环境的影响，品种鉴定的准确性也会相对较低。分子标记是进行品种鉴定的有效方法，具有准确性高、不受环境影响、幼苗早期即可鉴别的优点。

基于PCR的分子标记技术，如RAPD、ISSR、SSR、InDel等，在种质资源鉴定方面有着非常广泛的应用。RAPD和ISSR由于存在重复结果较差，不能区分纯合和杂合基因型的缺点，现在已很少用于种质资源鉴定。SSR（Simple sequence repeat）即简单重复序列，又称微卫星，在真核生物基因组中每隔10～50 kb就存在一个微卫星，其在基因组中是随机的、不完全均匀分

布。SSR 具有数量众多、多态性丰富、易于检测、重复性好、共显性的优点。插入缺失（Insertion-deletion，InDel）是指不同个体之间在基因组同一位点的序列发生不同大小核苷酸片段的插入或缺失。InDel 标记是通过 PCR 扩增来检测待测样本的多态性，其本质仍属于长度多态性标记。InDel 在基因组中分布广泛、密度大、数量众多，就分布密度而言仅次于 SNP，但远高于 SSR（InDel 标记包括但不限于 SSR 标记）。

笔者团队开发了一种可用于薄壳山核桃指纹图谱构建的 4 对 SSR 标记（表 3-1）。这 4 对引物 PCR 产物条带清晰、背景干扰小，但需要用聚丙烯酰胺凝胶电泳或毛细管电泳进行多态性检测，检测过程相对较为烦琐。

表 3-1　可用于薄壳山核桃品种鉴定的 SSR 引物

	引物信息	重复单元	预期大小/bp
CiSSR1	F：TGCCTGAGACGAGCTACTGA R：CAAGGACAGAATCAACTGGACA	（GA）21	133
CiSSR2	F：TGGAAGAAGACTGCATCACG R：GAAGATAGCAGCAGGCCAAC	（GCTGTT）5	179
CiSSR3	F：ACAAAGGCATGAGTTGGGAC R：TGGGCTGTCCAATTCTAGTT	（CT）23	167
CiSSR4	F：TGCCTGAGACGAGCTACTGA R：CAAGGACAGAATCAACTGGACA	（GA）21	133

本书研究团队开发了一种不包含 SSR 的 InDel 标记，可以使用操作较为简单的琼脂糖胶检测多态性，具有检测准确性高、稳性好、易于读带的优点。引物信息如表 3-2 所示，共有 4 种引物组合，每种引物组合包含 3 对引物，品种鉴定时将每一种组合的 3 对引物全部加入同一 DNA 模板中进行 PCR（三重 PCR），每一个 DNA 模板进行 4 个三重 PCR 反应，随后用 3%琼脂糖凝胶电泳进行分离（电压为 90 V，时间为 1.5 h），完成后检测多态性。用这 12 对引物构成的 25 位 0/1 数字条形码（表 3-3），可以作为今后品种鉴定的参照。

表 3-2　用于构建指纹图谱的引物组合

引物组合	引物	引物信息	产物大小/bp
组合一	Del1	F：GTGACAATCGGAATGCTCAGT R：AATTTGATAATGCAGGGCAGTGA	283～355
	Del2	F：CATCTTCGTAATCGTCCCTAACC R：GTGTTCCTACTGGTATCGGGTA	205～232
	Del3	F：TGGAGGTTGATGAGGGAAGAG R：CACCACCACCGCCATAATC	111～126
组合二	Del4	F：TTCAGTGGCAGGGCTTCTA R：GCTCAACCGCATTACTCCA	322～362
	Ins5	F：CCTTAATGGAATAGCAGCCAAGAA R：ATCGCAGCACCGTAATTTACAA	227～252
	Ins6	F：TGGGAGCCATATTGGGACAT R：TGATGACAGAACCTCAAGTAGCA	147～163

（续表）

引物组合	引物	引物信息	产物大小/bp
组合三	Del7	F：CTACCCTCCACGAGGATACC R：AGCTGATGGACCAGGATAACT	280～310
	Del8	F：ACTCTCAAGGTCATGCTTCAAG R：ATCGCAGGAAGAGGTCAAGA	187～208
	Ins9	F：GCTGGAGAAATGAGAGAGTTGAG R：ACGAGAAATGATAATGGCTGGAAT	122～149
组合四	Del10	F：AATTGCCTAACCTGTCCGATG R：TGATTTCTTCCTCCCGCTCTAT	250～277
	Del11	F：GCAGGAAGCCCATCAATCAG R：GCCAAGAGCAAGACCTTCAG	162～179
	Del12	F：CCTCTTTCTCCGAGCCAAATC R：ACCCATGTCGAGAGATTGAGT	86～101

表 3-3　基于 12 个 InDel 标记的薄壳山核桃种质指纹图谱

品种名称	引物组合			
	组合一	组合二	组合三	组合四
钟山 25	101011	1001001	111001	101110
萨塞斯	101001	0111011	111110	100111
赛普洛斯	111111	1001011	101011	101010
金奥瓦	101011	1001011	011101	111110
西奥克斯	111101	1101111	100110	111110
莫愁	111011	1001011	100111	111110
福克特	111111	1101011	111101	111110
巴顿	111001	1101001	101010	101111
科尔比	101111	1001101	111001	101110
莫汉克	011111	1001011	101011	101010
杰克逊	011011	001011	101011	111110
绍兴	111011	1011111	111101	111110
马罕	011101	1101011	101111	111110
威奇塔	110101	1101010	101110	111110
斯图尔特	111011	0111011	100111	110111
卡多	001001	1101110	101001	000110
波尼	111111	1001101	111001	101110
德西拉布	111111	1101011	100111	111110
金华	111011	1001011	100111	111110

注：1 为存在条带，0 为不存在条带。

第四章 薄壳山核桃品种培育

品种培育，即育种，是创造优异种质的重要手段。美国是最早开展薄壳山核桃杂交育种的国家，早期只是对实生单株进行选择，直到1903年，薄壳山核桃才开始了真正意义上的杂交育种。查尔斯·福克特（Charles·Forkert）首次进行了人工杂交育种，他进行了‘Jewett’×‘Sucess’的人工杂交，最终培育出了‘德西拉布’优良新品种。目前，杂交育种已成为薄壳山核桃最常用、最有效的育种方法。杂交育种可综合双亲优良性状，并可获得超亲性状，达到改良多个目标性状的目的。

美国有2个地方开展薄壳山核桃的育种工作，分别是美国农业部农业研究服务署（United States Department of Agriculture，Agricultural Research Service，USDA－ARS）的薄壳山核桃育种站和佐治亚大学农业与环境科学院的薄壳山核桃育种中心。USDA－ARS的薄壳山核桃育种研究项目是由L. D. Romberg倡导开始的，育种目标包括提高坚果大小和出仁率、降低果壳厚度、增强疮痂病抗性。目前，我国仍缺乏系统从事薄壳山核桃育种工作的单位。近年来，随着世界各国对知识产权保护意识的增强，国外新品种的引进也受到了各种制约。我国薄壳山核桃产业的发展迫切需要创制一批具有自主知识产权的优良新品种。

第一节 实生选育

一、美国实生选育概况

在杂交育种出现以前，薄壳山核桃新品种主要来源于实生选育。此时，人们主要根据坚果所具有的优良特性，如果型大、壳薄、易脱壳等进行优选。其他的优良特征，如丰产稳产、早熟、抗病等也是进行品种选育时重要的辅助参考。根据实生单株的来源，可分为原产区实生选育和栽培区实生选育。原产区实生选育，即从薄壳山核桃原产地进行优选的品种，一般亲本来源不详，如 Starking Hardy Giant、‘哈尔伯特’（Halbert）、‘圣萨巴’（San Saba）。栽培区实生选育，是人为地从表型优异的实生单株或‘品种’上收获种子，并于果园中实生繁殖，从中进行品种选育。此类品种通常其母本来源为已知的，如‘马罕’‘凯普费尔’和‘施莱’，也有亲本来源不详的，如‘斯图尔特’和‘萨塞斯’。目前，美国农业部核桃种质资源库保存的薄壳山核桃品种，有 50%为实生选育出，有些实生选育的品种，如‘斯图尔特’‘施莱’‘萨塞斯’‘凯普费尔’‘马罕’在栽培产业中仍占据较大的比例。

二、我国实生选育概况

我国引进薄壳山核桃已有百余年，截至 2020 年，国内树龄 30 年以上的实生单株约有 7 万株。我国薄壳山核桃的实生选育工作开始于 20 世纪 50 年代。浙江省科学院亚热带作物研究所为选育薄壳山核桃制订的标准为：① 结果早，产量稳定；② 坚果壳薄，果仁饱满，出仁率在 40%以上；③ 果仁品质好，味香甜，含油量 70%以上；④ 树势健壮，生长旺盛，树冠开张，少或无病虫害。总体而言，我国选育出有推广价值的品种不多，主要原因是我国并非薄壳山核桃的原产地，野生资源较少。

1957 年，浙江农学院对定植在江苏南京区域的薄壳山核桃单株进行评价，选出‘鼓楼’‘鼓楼 1 号’‘陵园 1 号’‘钟山’和‘莫愁’5 个品种。1978 年，江苏省中国科学院植物研究所孙醉君等从 4 000 余株薄壳山核桃单株中选育出了 3 个品种，分别为‘钟山 25’‘钟山 26’‘钟山 35’。1979 年，南京林业大学谈勇等选育出‘南京 1 号’‘南京 9 号’‘南京 137 号’‘南京 138 号’‘南京 148 号’5 个品种。1982—1986 年，浙江省亚热带作物研究所对全国 14 个省市的薄壳山核桃资源进行了大规模的调查，选育出了‘长林 13 号’‘绍兴 1 号’和‘金华 1 号’3 个优良品种。进入 21 世纪，安徽省黄山林科所对 1976 年引种的薄壳山核桃实生大树进行比较和测定，陆续选育出了‘黄山 1 号’‘黄山 2 号’；安徽农业大学对位于合肥大杨店农业示范园内的 372 株薄壳山核桃实生单株进行观测，最终选出 5 株薄壳山核桃良种，分别为‘安农 1 号’‘安农 2 号’‘安农 3 号’‘安农 4 号’‘安农 5 号’；南京绿宙薄壳山核桃有限公司对定植于南京市内的实生大树进行筛选与比较，选育出了‘绿宙 1 号’，并于 2014 年通过江苏省良种认定。

第二节 杂交育种

一、育种理论

杂交育种是针对期望的目标，获得具有双亲优良性状新品种的一种育种方法。选配的亲本可以是野生种或变种，也可以是栽培种。杂交育种，首先是确定育种目标，然后筛选杂交亲本，配置杂交组合，获得子代后，对子代进行评估。

1. 确定育种目标

在确定育种目标时，通常需要从单果重、果壳厚度、出仁率、开花类型、早熟性、早实丰产性、抗性等方面进行考虑。

(1) 单果重 薄壳山核桃单果重的范围在3～20 g，最小的品种，如Small Native单果重约为3 g，‘波德沙尼’（Podsednick）的单果重可达20 g。在我国种植较为广泛的中大果型品种，如‘威奇塔’单果重7.7 g、‘波尼’单果重8.1 g、‘马罕’单果重11.36 g。一般地，单果重越大越受市场欢迎，在确定育种目标时，可选择单果重为7.5 g以上的亲本进行杂交育种。

(2) 出仁率 出仁率是果仁重量占坚果重量的百分率。薄壳山核桃品种的出仁率集中在38%～64%。出仁率高的品种较受消费市场的欢迎。在薄壳山核桃株产相等的情况下，出仁率高的品种，收获的果仁较多。目前，我国多数推广的品种出仁率在55%左右。育种时，可选择出仁率高于55%的品种作为亲本。

(3) 开花类型 薄壳山核桃多数品种为雌先型，雄先型的品种相对较少。果园营建时，需搭配雄先型品种进行授粉。但是，生产中发现，部分开花较早的雌先型品种，在雌花可授时，无相应散粉较早的雄先型品种。今后的育种中，培育散粉较早的雄先型品种，仍是值得考虑的一个重要指标。

(4) 果壳厚度 果壳厚度是果实的重要特征。壳薄则易于取仁，但在存储过程中容易开裂，同时更易遭受鸟类或松鼠的破坏。一般地，果壳厚度大于0.97 mm为厚，0.68～0.97 mm为中等，小于0.68 mm为薄。‘威奇塔’‘施莱’‘巴顿’‘切尼’均为薄壳品种。我国消费的薄壳山核桃多为带壳的，进行品种选育时宜以果壳厚度小于0.68 mm为佳。

(5) 早熟性 薄壳山核桃果实成熟期可从9月初（如Starking Hardy Giant、Osage）到11月初（如Curtis、Hastings）。成熟性早的品种通常具有价格优势，且采收时的天气较有利。在美国，早熟性品种需要160～180 d的生长期，晚熟性品种则需要多于210 d的生长期。成熟期早则可在无霜期短的地区栽植。通常情况下，薄壳山核桃果实重量及出仁率是与果实发育所需的天数成正比，因而美国北方型品种（所需生长期短）的果实往往表现出果壳厚、出仁率低的特性，但美国农业部通过杂交培育出的‘波尼’是个例外。育种者在培育早熟品种的同时，往往倾向于落叶较晚的品种，因落叶晚更有利于树体进行光合作用，可为下一年果实的发育积累足够的营养。

(6) 早实性 早实性是指品种具备较早进入开花结实能力的性状。早实性好的品种如‘马罕’‘克里克’‘杜里’在嫁接后3年可结果，常见的为5～6年后进入挂果期，如‘科尔比’‘肖肖尼’‘波尼’等。通常，早实的品种容易负载量过高，果实品质较为一般。尽管如此，培育3～4年结果的早实品种仍是目前的一个育种目标，因早实品种能够提高人们种植薄壳山核桃的积极性，促进栽培产业的健康发展。

(7) 大小年指数 薄壳山核桃具有明显的大小年现象。大小年指数的数值从0（与上一年的结果量相等）到1（小年的结果量为0）。薄壳山核桃大小年指数在0.19～0.90，‘卡多’品种的大小年结果指数最低，为0.32。当结果指数大于0.65时不建议作为主栽品种而栽植。育种时，要求所选育出的品种，其大小年指数小于0.65。

(8) 抗病性 薄壳山核桃最主要的病害是疮痂病，培育抗疮痂病品种是目前的主要育种目标之一。根据薄壳山核桃感染疮痂病的严重程度，可将其分为感病品种和抗病品种，在美国，有些东部品种对疮痂病的抗性具有可遗传性，可作为育种的亲本。近几十年来，美国已经培育出了许多抗疮痂病品种，如‘奥萨格’‘尼克罗’‘堪萨’等。疮痂病的致病菌为 *Fusicladium effusum*，由于病原菌发生变异较快，使得薄壳山核桃对疮痂病的抗性会发生改变，有些原先为抗病的品种，如‘德西拉布’由于致病菌的变异而变为感病品种。目前，美国在进行杂交育种时，均会对杂交子代进行疮痂病抗性试验，只有表现出抗性的品种才会对其果实特征进行评价。

(9) 抗虫性 薄壳山核桃遭受的虫害较多，多数为食叶性害虫，如警根瘤蚜，刺蛾、叶甲等。目前，已经发现对警根瘤蚜有抗性的品种，如‘德尔马斯’‘威斯顿施莱’‘斯图尔特’，这些品种可作为培育抗虫的亲本。天牛是一种蛀干性害虫，对薄壳山核桃的危害较大，可引起植株的死亡。在当前的商业化果园中，尚未发现具有抗天牛的品种，如能找到抗天牛的实生资源，对培育抗虫品种、砧木，均具有重要的意义。

(10) 抗盐砧木 目前，可通过扦插的方法对薄壳山核桃砧木进行无性繁殖，但扦插的材料仅仅局限于一年生的种子苗，品种插穗的生根问题尚未突破。抗性砧木的培育是通过鉴定特定品种的半同胞系或全同胞系子代是否具有抗性而选出的，从某种意义上说是对具有抗性种子的母本进行的筛选。在得克萨斯州西部地区，‘河畔’（Riverside）、‘伯克特’（Burket）、‘阿帕奇’（Apache）品种的半同胞子代具有一定的耐盐性（为3‰）。薄壳山核桃比较适宜在我国长江流域种植，而东部临海地区土壤多偏碱，因而培育抗盐性达0.5%的砧木能够大大拓宽薄壳山核桃在我国的种植范围。

(11) 矮化砧木 薄壳山核桃树体高大，给抚育管理带来诸多不便。越来越多的种植者和研究人员意识到树体矮化的重要性。目前，尚未发现具有矮化特性的薄壳山核桃品种。之前认为‘切尼’品种具有矮化特性，后来发现该品种仅仅只是生长比较缓慢，并不是矮化的品种。为实现薄壳山核桃的矮化，育种者可通过筛选砧木的方法来控制薄壳山核桃的树势。在嫁接体中，接穗生长所需的水分、矿质元素等营养物质需要通过砧木的根系来提供。砧木可以通过激素、营养等水平调节接穗的生长，进而调控嫁接植株的树势。

2. 配置杂交组合

进行杂交组合的配置时，需根据预期的性状选择合理的亲本，其目的是为了利用双亲的杂种优势，获得在长势、抗性、适应性、产量、品种等方面优于其亲本的杂交种。

自 1930 年以来，‘马罕’和‘施莱’这两个品种因具有壳薄、出仁率高的特性，被广泛作为杂交的亲本。其他常用的亲本包括：‘萨塞斯’（壳薄）、‘莫汉克’（果型大、成熟早）、‘埃弗斯’（Evers，壳薄、果实品种优）。美国农业部薄壳山核桃研究中心所培育的‘波尼’是‘Mohawk’（母本）×‘Starking Hardy Giant’（父本，雄先型）的杂交子代，具有雄先型、成熟早、壳薄的双亲特征。

3. 子代观测

由于薄壳山核桃童期较长，进行杂交之后所获得的子代，需经过长达 10 年左右的生长后，才能对果实特性进行观测。在杂种子代的童期阶段，可对其进行抗虫、抗病性评价。

二、育种方法

授粉前，根据杂交组合采集父本的花粉。在花药变黄期采集雄花（图 4-1），将雄花序放置于硫酸纸上，其花粉在室温条件下会自然散出，花粉收集后在一周内使用。超低温保存的花粉，

图 4-1　花药变黄期采集雄花

在使用前需复水，方法为：将花粉撒至悬浮在水面上的培养皿（或其他可漂浮于水中的容器）中，于16 ℃密闭条件下放置8 h。母本雌花在临近可授期时，需提前套袋。授粉时，使用授粉器或毛笔蘸花粉涂抹柱头，随后立即套袋，待柱头枯萎后去除套袋。

三、杂交育种概况

1. 美国薄壳山核桃杂交育种现状

美国农业部农业研究服务署（USDA-ARS）承担着世界上最大的薄壳山核桃育种项目。试验基地的总部位于得克萨斯州的大学城（College Station）和布朗伍德市（Brownwood），该机构的杂交育种体系包括两个选育阶段：基础育种计划（Basic Breeding Program，BBP）和国家薄壳山核桃优良无性系试验系统（National Pecan Advanced Clone Testing System，NPACTS）。在BBP阶段，每年会有大量的杂交子代产生，杂种经过筛选后，只有0.1%～0.2%的子代进入NPACTS。

杂交育种的实施包括4个阶段（表4-1），其中BBP阶段包括3个子阶段：获得杂交种子（BBP seed production）、抗疮痂病筛选（BBP scab screening）、果园种植（BBP Orchard）。

第1阶段为利用传统的育种技术获得杂交种子，平均每个杂交组合，需要获得约4 000粒的杂交种子，该阶段持续的时间为1年。为了尽可能多地获得杂交子代，选定的杂交母本应于上一年的生长季进行疏果，授粉时，每个雌花序应授2次花粉，两次间隔为1 d。

第2阶段为抗疮痂病筛选。收获的杂交种子于12月份进行层积处理，随后进行催芽，幼苗置于感染疮痂病的植株旁边，进行疮痂病抗性评估。通常，疮痂病可由多种致病菌引起，在评估过程中，需使用包含多种致病菌的植株置于杂交后代旁。抗病评估的过程通常持续2～3年，随后可直接将感病的子代（通常为1/3～3/4）进行剔除。余下的抗病植株进入第3阶段。

第3阶段为果园种植。抗病植株于得克萨斯州大学城的果园中进行栽植（通常栽植密度较密），一般栽后的第6或第7年（树龄为8～10年），对其树型、病虫害抗性、产量、早熟性、果实品质等进行评估。连续进行评估3～4年后，淘汰表现较差的植株，使得优良单株有更多的生长空间。此阶段，只保留0.1%～0.2%的子代。

第4阶段为国家薄壳山核桃优良无性系试验系统。第3阶段筛选出的优良子代进行嫁接繁殖后，在不同立地条件下种植，进行适应性评价。此阶段，表现良好的品种将会作为新的品种进行释放。

表4-1　美国农业部农业研究服务署薄壳山核桃育种程序

阶段	描述	年限/年	子代数	栽培方式
I	获得杂交种子	1	4 000	收获杂交种子，并层积处理
II	疮痂病筛选	2～3	4 000	容器苗，置于温室或大田中
III	果园定植	10	1 000～3 000	果园栽植，5 m×9 m
IV	国家薄壳山核桃优良无性系试验系统	10～15	2～6	嫁接后不同果园定植，11 m×11 m

除了美国农业部，佐治亚大学亦从事薄壳山核桃的育种工作，该大学农业与环境科学院成立

的薄壳山核桃育种中心，主要目的是培育适合美国东南部湿润气候的薄壳山核桃品种。所选育的品种要求对疮痂病具有持续的抗性，果实具有成熟早、果型大、易剥壳、果仁色淡、出仁率高等特点。

佐治亚大学育种流程与美国农业部农业研究中心的类似。设置杂交组合后，所获得的杂交种子先在温室内生长3～4个月。随后于4—5月份将幼苗移入具有切断主根作用的育苗容器（体积为11 L）中，移栽后的幼苗置于透光率为50%的遮阳网下，作用是避免盛夏时候的阳光灼伤幼苗。从6月份开始，黄昏时用感染疮痂病的枝条擦伤幼苗叶片，使其感染致病菌。同时，间歇性地给幼苗喷雾，创造潮湿的环境以利于致病菌的生长。根据叶片感染疮痂病的情况，对幼苗抗性进行评价。在生长季节结束时，通常会有20%～80%的杂交子代被淘汰，余下的将育苗容器脱掉后，移入试验田，定植的株距为3 m，行距4.6 m。幼树经过10年的生长后进一步对其进行评价，优良单株嫁接后进行区域性实验，表现好的将作为新品种释放。

表4-2为通过杂交育成的一些优良品种。美国农业部薄壳山核桃育种中心对每个杂交子代给予编号，编号由3部分数字组成。第1个数字为杂交进行的年代，第2个数字为杂交的亲本组合，第3个数字是杂交后所获得的子代编号。例如‘霍皮’（Hopi）的编号为39-5-50，表示的是该品种是于1939年进行杂交的，母本是‘Schley’，父本是‘McCully’，为该杂交组合的第50个种子所选育出的。

表4-2 由美国农业部、农业研究机构等发布的薄壳山核桃品种

品种	亲本[a]	选系编号	发布年份	异熟性[b]
巴顿（Barton）	Moore×Success	37-3-20	1953	I
科曼奇（Comanche）	Burkett×Success	37-8-22	1955	II
契可特（Choctaw）	Success×Mahan	46-15-276	1959	II
威奇塔（Wichita）	Halbert×Mahan	40-9-193	1959	II
阿帕奇（Apache）	Burkett×Schley	40-4-17	1962	II
西奥克斯（Sioux）	Schley×Carmichael	43-4-6	1962	II
莫汉克（Mohawk）	Success×Mahan	46-15-195	1965	II
卡多（Caddo）	Brooks×Alley	Philema 1175	1968	I
肖尼（Shawnee）	Schley×Barton	49-17-166	1968	II
切尼（Cheyenne）	Clark×Odom	42-13-2	1970	I
切诺基（Cherokee）	Schley×Evers	48-22-27	1971	I
契卡索（Chickasaw）	Brooks×Evers	44-4-101	1972	II
肖肖尼（Shoshoni）	Odom×Evers	44-15-59	1972	II
特贾斯（Tejas）	Mahan×Risien 1	44-10-293	1973	II
金奥瓦（Kiowa）	Mahan×Desirable	53-9-191	1976	II
波尼（Pawnee）	Mohawk×Starking HG	63-16-125	1984	I
霍马（Houma）	Desirable×Curtis	58-4-61	1989	I

（续表）

品种	亲本[a]	选系编号	发布年份	异熟性[b]
奥萨格（Osage）	Major×Evers	48-15-3	1989	I
奥康尼（Oconee）	Schley×Barton	56-7-72	1989	I
纳瓦霍（Navaho）	Apalachee×Wichita	74-1-11	1994	I
堪萨（Kanza）	Major×Shoshoni	55-11-11	1996	II
克里克（Creek）	Mohawk×Western	61-6-67	1996	I
霍皮（Hopi）	Schley×McCully	39-5-50	1999	II
尼克罗（Nacono）	Cheyenne×Sioux	74-5-55	2000	II
瓦科（Waco）	Cheyenne×Sioux	75-5-6	2005	I
拉科塔（Lakota）	Mahan×Major	64-6-502	2007	II
曼丹（Mandan）	BW-1×Osage	85-1-2	2009	I
阿巴拉契（Apalachee）	Moore×Schley	48-13-311	2009	I

注：a 中为母本×父本。b 中 I 为雄蕊先熟即雄先型；II 为雌蕊先熟即雌先型。

2. 我国杂交育种概况

我国薄壳山核桃的育种工作始于 20 世纪 60 年代，主要进行的是薄壳山核桃与胡桃科其他植物的杂交育种。相关研究表明，我国的山核桃与薄壳山核桃正反交均可孕，杂交子代显示出亲本的杂种优势，遗憾的是这些子代未能有效保存，未见后续报道；薄壳山核桃与核桃、枫杨杂交未能成功。

近年来，国内科研单位开展了薄壳山核桃不同品种间的杂交育种。在国内科研单位，目前陆陆续续开展了一些杂交育种工作，如江苏省中国科学院植物研究所在前期实生种质资源和引进品种果实品质评价的基础上，开展杂交育种工作；江苏省农业科学院、南京林业大学也开展了一些薄壳山核桃的杂交育种工作；浙江农林大学开展了山核桃和薄壳山核桃的种间杂交育种。由于薄壳山核桃从杂交开始到品种发布需要二三十年甚至更长时间，因此国内目前尚未有通过杂交手段培育出薄壳山核桃新品种的报道。

第三节 / 薄壳山核桃育种发展趋势

一、多倍体育种

体细胞中含有 3 个及以上的染色体组的植物个体，叫作多倍体。多倍体植株在生长量及抗逆性方面往往有突出的表现。薄壳山核桃大多数品种为二倍体，理论上通过染色体加倍能够提高植株个体的抗病性和产量，但是仍未有薄壳山核桃多倍体育种的报道。通过有性阶段和无性阶段均可产生多倍体，有性阶段是通过减数分裂过程中小孢子或大孢子母细胞不减数产生 2*n* 配子形成多倍体，无性阶段则是体细胞分裂过程中通过染色体加倍且细胞不分裂形成多倍体。

人工诱导多倍体主要有两种途径，分别为物理方法诱导和化学方法诱导。机械创伤、温度骤变和摘心处理等是最常用的物理方法。这些物理方法诱导多倍体技术主要应用在一些具有营养繁殖优势的植物上，薄壳山核桃属于营养繁殖较为困难的物种，常规的物理诱导方法可能并不适用。化学方法是比较常用的诱变方法，一些化学试剂如乙烯亚胺、甲基黄酸乙酯、叠氮化合物、轻胺、抗生素、秋水仙素等，均对植物分生组织有加倍效应。秋水仙素即秋水仙碱，是最常用的化学诱变试剂。利用一定浓度的秋水仙素溶液处理萌发的种子或幼苗，能够诱导植物染色体加倍，此种方法操作简单，诱变率高，在一些木本植物上已有成功应用。

二、分子标记辅助选择育种

育种的本质是优良等位基因的选择与聚合。分子标记辅助选择（Molecular marker-assisted selection，MAS）是利用与基因连锁的分子标记来选择目标个体的技术。MAS 与传统杂交育种相结合，可快速筛选含有目标基因型的个体。不同于传统的表型筛选，MAS 是从 DNA 水平上进行的选择，不受环境因素和基因相掩盖的影响，大大提高选择的准确性。

对林木而言，MAS 技术显得尤为重要，该技术可以在植物生长的早期阶段实现目标个体的精准选择，缩短育种年限。利用 MAS 的前提条件是要明确调控育种目标性状的基因或 QTL。随着分子生物学技术的发展，挖掘和定位薄壳山核桃重要经济性状和胁迫相关的基因变得越来越容易，MAS 结合传统育种技术将是今后创制薄壳山核桃新种质的趋势。

三、基因编辑育种

基因编辑技术是利用工程核酸酶诱导基因组产生 DNA 双链断裂，激活细胞内源修复机制，实现对基因组的精确修饰，如插入、缺失或替换等。基因编辑技术主要包括锌指核酸酶（zinc finger nuclease，ZFN）技术、类转录激活因子效应物核酸酶（transcription activator-like effector nuclease，TALEN）技术、成簇规律间隔短回文重复序列与相关蛋白（clustered regularly inter-spaced short palindromic repeats/CRISPR-associated protein，CRISPR/Cas）技术等。目前应用最为广泛的是 CRISPR/Cas，其他两种编辑技术由于种种缺陷已很少使用。经典的 CRISPR/Cas 技术是由人工设计的单链引导 RNA（single guide RNA，sgRNA）与 Cas 核酸酶组成。sgRNA 特异性引导 Cas 核酸酶对靶位点进行切割，造成双链断裂（DSB），诱发 DNA 修复机制。该技术无需设计和构建 DNA 识别蛋白，仅需设计 sgRNA 即构建 CRISPR/Cas 表达单元，随后可通过遗传转化手段直接实现作物目标基因的突变，获得定点突变材料。CRISPR/Cas 技术与其他技术相比，操作更简单、效率更高、稳定性和通用性更强、成本更低。同时，载体元件（抗生素标记序列、Cas 序列等）可通过自交等手段进行剔除，最终获得目的基因精准编辑的非转基因植株，该材料与自然突变或人工诱变材料具有实质等同性。自 2012 年 CRISPR/Cas 系统被发现具有基因编辑潜力以来，CRISPR/Cas 技术蓬勃发展，已成为全球研究的热点领域。经典的 CRISPR/Cas 系统是基于靶位点的双链断裂，2016 年出现了不需要引入双链断裂的碱基编辑（base editing）技术，该技术能够实现 C/G 到 T/A 的碱基替换；2019 年，引导编辑技术（prime editing）的出现开创

了基因精准编辑的新局面，该技术可以实现任意类型的碱基转换、44 bp 以内的片段插入、80 bp 以内的片段缺失以及复杂的混合突变等。

基因编辑是实现精准育种的一种高效手段，利用该技术已经在水稻、小麦、玉米等农作物中实现优异种质的创制。该技术依赖于功能基因的快速准确解析和植株高效再生体系的建立，但是这些仍是薄壳山核桃尚未解决的难题。随着对薄壳山核桃研究的深入，基因编辑育种技术在砧木新种质创制方面将会得到一定程度的应用。

第五章 薄壳山核桃育苗技术

苗木是造林和建园的先决条件和物质基础。为了满足大规模经济林栽培的需要，必须有计划地建立苗圃。而苗圃的主要任务是采用先进的育苗技术培育出数量多、质量优、符合栽植标准的各种苗木。苗木的质量直接关系到新定植果园的成活率和缓苗期的长短，对果园整齐度、生长结果、果品质量都有影响。培育品种纯正、生长健壮、根系发达的优质苗木，是薄壳山核桃育苗的核心目的。目前，薄壳山核桃的繁育技术主要有有性繁殖和无性繁殖。其中，有性繁殖为实生苗繁育技术，即利用种子进行繁殖的技术；无性繁殖主要有嫁接繁殖技术、扦插繁殖技术。

第一节 实生苗繁育技术

一、实生繁殖的特性

用种子进行繁殖的方法称为实生繁殖，也称为有性繁殖、种子繁殖，是最古老的繁殖方法。由于薄壳山核桃基因型高度杂合，实生苗后代遗传变异较大，采用种子繁殖很难保持母本固有的优良性状，且童期较长，需要长达10年才开始结果。尽管如此，实生苗也具有一些固有的优点，如主干明显、树形优美、抗逆性强等，可作为园林绿化、用材林、嫁接等的苗木来源。此外，实生苗也可作为优良品种选育的原始材料。

二、繁育技术

1. 种子采集

种子的质量关系到实生苗的长势和合格率，是培育优良实生苗的重要环节。种子需在母树上充分成熟时采集，所以采集种子必须适时。苏皖地区薄壳山核桃果实成熟时间普遍在9月初至11月中旬，果实采集后将其外果皮及时去除，去掉破碎的种子。种子大小对苗木地径和高度均有较大的影响，在育苗过程中，应优先选择颗粒饱满的大粒种子进行育苗，以获得优质苗木。同时，可以根据种子重量进行分级，分别为大（≥7 g）、中（5～7 g）、小（<5 g），以便于种子出苗后进行分类管理。通常情况下，种子小的苗木生长较弱，在后续培养过程中要适当地加强水肥管理。采集后的种子及时阴干，切记不能烘干。然后进行浸种，处理方法为：采用多菌灵溶液浸泡种子1 d；然后用冷水浸种5 d（以果仁湿润为准，皮薄的品种浸种时间适当缩短），每天换水1次，去除沉入水中的坏果，浸种后将种子表面水分晾干，切忌不能暴晒。

2. 层积处理

层积处理是完成种胚后熟和解除种子休眠促进萌发的一项措施。层积处理后的种子出芽较为整齐。通常采用沙藏的方法进行层积处理，具体做法如下：根据当地条件确定播种时间后，往前推2个月左右开始沙藏种子。可选择透气性好的粗河沙（勿用细沙）或珍珠岩作为基质，湿度以手握成团，手松即散为宜。将基质与种子按3∶1比例混合，装在透气的容器内，或堆放在阴凉干燥处，保持温度为5～10 ℃，每隔7～10 d翻动1次，酌情喷水，使湿度均匀，透气良好，防止腐烂。处理时间为60～80 d，具体时间视果壳厚度而定，一般而言，果壳薄的种子沙藏时间宜短，果壳厚的沙藏时间可适当延长，沙藏结束后即可播种。

3. 苗圃地准备

苗圃地应选择在交通方便，地势平坦，阳光充足，背风向阳，排水灌溉条件好的地方。土壤应深厚肥沃，最好是壤土和沙壤土。苗圃地应在秋冬季节提前翻耕，经过冻融后，既可以改善土壤结构，也可以破坏害虫虫卵。翻耕时应撒施足量的腐熟有机肥（3 000～4 000 kg/亩），随后深翻（40～60 cm）入土。播种前进行土壤平整，除去杂物，作畦或作垄。具体应根据当地的气候条件进行选择，多雨地区或地下水位过高时，宜用高垄，利于排水。少雨干旱地区宜用低畦，利于灌溉。苗床大小视管理方便为宜，一般宽 1.0～1.5 m，长度视地形而定。

4. 播种

播种季节分为冬播和春播。冬播在 11 月到翌年的 1 月，春播为 2—4 月。云南省可采用冬播，苏皖地区播种时间为早春。在苏皖地区，每年 2 月初开始播种。北方地区根据当地的气温适当推迟。播种株行距可选择 20 cm×20 cm，以便于嫁接。薄壳山核桃种子较大，播种深度为 10 cm 左右。播种后要浇透水，随后可以用草帘地膜覆盖。覆盖草帘虽然可以使土壤保持水分，但是会抑制土壤温度升高，导致种子发芽慢。地膜覆盖既可以保持土壤水分，也促进土壤温度的增加，促进种子早发芽。苗床不进行覆盖时，不利于土壤水分的保持，但是方便对杂草的防治。不覆盖地膜的薄壳山核桃种子发芽时间比覆盖地膜晚 10 d 左右，但比覆盖草帘的早。

5. 播种后管理

在幼苗生长过程中，加强苗期的田间管理是培育健壮优质苗的关键。

（1）灌溉排水 合理的灌溉是培育壮苗的重要措施，应根据苗木生长的不同时期，合理地确定灌溉时间和数量。灌溉时间宜在早晚进行。夏秋季多雨时要及时排水。

（2）松土除草 松土除草是苗木田间管理工作的一项重要措施。除草应掌握“除早、除小、除了”的原则，除草最好在雨后或灌溉后进行，这样既省工又可达到保墒的目的。苗木进入生长盛期应进行松土，初期宜浅，后期略深，以不伤苗木根系为准。

（3）追肥 苗木施肥应以基肥为主，但其营养不一定能满足苗木生长的需要。为促进苗木的长势，在苗木旺盛生长期应追施化肥，多施氮肥、钾肥或几种肥料配合使用；生长后期应停施氮肥，多施钾肥。应以速效性肥料（如尿素、磷酸二氢钾、过磷酸钙）为主，少量多次。

（4）截根 薄壳山核桃主根发达，侧根少，尤其是沙壤土定植的苗木。适当截根利于侧根的发生，提高后期苗木移栽的成活率。在根系尚未木质化时（7 月中旬），用铁锹从苗床表土下 10～15 cm 深处切断主根，截根后要及时、充分灌水，使土壤与根系充分接触，以利于苗木根系迅速恢复生长，并适量追施磷、钾肥料。

（5）病虫害防治 实生苗虫害主要有天牛、警根瘤蚜、蚜虫、金龟子，病害相对较少。天牛是蛀干性害虫，需及时朝茎干喷施绿色威雷等药物。其他食叶性害虫可结合喷施叶面肥进行防治。

第二节 嫁接育苗技术

一、嫁接繁殖的特性

嫁接是一种古老的无性繁殖技术，广泛应用于农林生产中。早在公元前5世纪，‘嫁接’一词就已出现在《圣经》、古罗马和中国古代的书籍中。嫁接是将某一植株的枝或芽等组织接到另一植株的茎或根上，使得连接后的组织融合在一起，维管组织之间相互贯通，形成一个完整植株的技术。在嫁接体中，用于嫁接的枝条或芽块称为接穗，承接接穗的部分称为砧木，有时砧穗间还存在一个连接部分称为中间砧。

嫁接苗不仅可以利用砧木的某些性状，如抗涝、抗旱、抗寒、抗盐碱、抗病虫害等，增强栽培品种的抗性和适应性，而且可以利用接穗的优良特性，如无童期、丰产稳产、果实品质好等。因而，嫁接体集砧穗间的优良性状于一身。迄今为止，在薄壳山核桃中仅有嫁接这项无性繁殖技术实现了产业化应用。其他的无性繁殖技术，包括组织培养和扦插，涉及细胞的脱分化和再分化过程，但这些过程在成年母树中都比较难以实验。

嫁接繁殖的优点表现为：一是促进提早开花结实。由于接穗采集自挂果期的成龄母树，已到生殖生长完全成熟阶段，所以嫁接成活后的树苗并无童期，仅需经过一定时间的营养生长即可开花结果，通常比实生树早5～6年结果。二是保持母本的优良特性。作为无性繁殖的一种技术，嫁接能完全再现母本的各种优良性状，是促进栽培良种化的重要保证。

二、嫁接成活机理

砧木和接穗之间维管组织的贯通能够确保养分的长距离运输，是嫁接成活的标志。嫁接时，植物体原有的极性运输被切断，导致生长素在嫁接口处积累。生长素积累到一定量时，促进形成层细胞分裂产生愈伤组织，并逐渐填充砧穗间的空隙。随着嫁接口的发育，愈伤组织分化出新的形成层，与砧穗间原有的形成层连接，并进一步分化，产生贯穿砧木和接穗的维管束，促使嫁接双方结合成一个有机整体。嫁接愈合主要依赖于形成层细胞的分生能力，在嫁接时形成层的对齐，能够加快砧穗间的形态建成过程，促进成活。薄壳山核桃本砧嫁接最容易成活，虽然与其他同属不同种植物也能嫁接成活，但由于生长期的不一致，容易引起“大脚”“小脚”现象。目前，薄壳山核桃中应用最为广泛的是插皮接和方块芽接。

三、插皮接

1. 插皮接的应用

插皮接是薄壳山核桃最常用的一种枝接形式，既可以用于幼树品种苗培育，也可以用于成龄树高接换优改造。

2. 嫁接时期

嫁接时期为每年的 4 月中下旬（清明节以后）到 5 月上旬，气温达 28 ℃时。

3. 接穗采集

在苏皖地区，采集接穗的时间为 1—3 月底。接穗应剪取自发育充实的枝条，枝条要粗壮、芽体饱满、髓心小、无病虫害。接穗采后剪成 10～15 cm 的短枝并进行蜡封。将石蜡加热到 100～120 ℃，将接穗两端分别在石蜡中速蘸（图 5-1），浸蘸时间不可超过 1.5 s，然后将封好蜡的接穗放于 5 ℃左右的阴凉处，用湿沙、锯末、碎屑等包裹保存，保持相对湿度在 65%～70%。

图 5-1 接穗蜡封

4. 砧木准备

砧木为本砧，即薄壳山核桃的实生苗。对于树干直径在 3 cm 左右的砧木需放伤流，可以用铁锹截断部分根系（图 5-2）或者移栽，也可以在树干处螺旋状交错斜锯 3～5 个“放水口”，以利于伤流液排出。

图 5-2 沿树盘铲断部分根系

5. 嫁接技术

将砧木截断，用嫁接刀在其断面边缘切出接口，切口长 3～4 cm。砧木切好后，选取芽饱满的一年生枝条，将枝条对应两侧各削一刀，形成双面楔，将处理好的接穗垂直插入砧木切口处，注意将接穗和砧木的形成层对齐，嫁接后用嫁接膜将接口包严（图 5-3）。

6. 嫁接后管理技术

嫁接后要注意以下几个方面的管理：一是抹芽去萌。及时抹掉砧木上萌发的大量幼芽，以免影响接芽萌发和生长，促进接穗生长。二是及时解绑。当新梢长至 15～20 cm 时，进行解绑，解绑时在嫁接薄膜上划一刀即可，深度以恰好触及表皮为宜。三是肥水管理。灌溉要视嫁接完成后接口伤流量而定，如果伤流液比较重应适当控水。接穗成活后及时补充水分，沟灌的次数根据当地降水量来定，一般 10 d 之内降水量不超过 20 mm，灌溉 1 次，始终使土壤含水量不低于 60%。施肥应结合灌溉或者雨水来临前进行。由于插皮接时期多为春季，嫁接后处于薄壳山核桃的生长季，当年即可成苗。

砧木切口锯平

剥开砧木部分皮层

接穗削面

接穗嵌进砧木

包扎

接穗没有蜡封时的包扎方式

图 5-3 插皮接流程

四、方块芽接

1. 方块芽接的应用

方块芽接具有节省接穗、繁殖系数高、方法简便等的特点。目前，方块芽接已成为薄壳山核桃良种扩繁的主要方式。方块芽接的砧木可以是幼苗，也可以是需要品种更新改造的成龄树。

2. 嫁接时期

嫁接时期为每年的 7 月中旬（梅雨季过后为宜）至 9 月底，这段时间薄壳山核桃砧木和接穗生长旺盛，木质部和韧皮部容易剥离，容易切取接芽。

3. 方块芽接刀准备

方块芽接刀可自制，方法为：取一长、宽、高大约分别为 9 cm、4 cm、2.5 cm 的木块，将 2 个美工刀刀片紧贴木块的长边，露出刀口约 3.5 cm。随后用布或硬纸片缠绕紧贴木块的刀片，再用聚氯乙烯电气绝缘胶粘带（即电工胶带）缠绕即可（图 5-4）。

图 5-4　薄壳山核桃芽接刀

4. 接穗准备

选取优良品种当年生的枝条，剪下后，去掉叶片，保留叶柄。芽段为中段芽，实验研究表明，中段芽的嫁接成活率显著高于上段芽和下段芽。接穗最好现采现用，注意保湿。

5. 砧木准备

砧木为薄壳山核桃实生苗或待改接品种苗，芽接部位枝条直径在 0.6 cm 以上。

6. 嫁接技术

选择接穗中部生长充实的成熟芽片，在芽片上下距芽 0.5～0.8 cm 处各横切一刀，然后在上下切口两侧各纵切一刀，形成长方形块状接芽。砧木选择光滑部位进行嫁接，先上下各横切一刀，深达木质部，长度与接芽相同。随后在两侧纵切一刀，撕去韧皮部，同时在切口的下方撕掉部分皮层，留一“放水口”。放入接芽，使接芽一侧皮层与砧木接口一侧皮层对齐。用嫁接膜严密包扎，使接芽和砧木密接（图 5-5）。

去除砧木皮层　　撕一放水口

方块芽贴合砧木　　包扎

图 5-5　方块芽接流程

7. 嫁接后管理技术

嫁接后 15～20 d，观察接芽的成活率（接口处不发黑，韧皮部仍为绿色），并注意及时解绑。研究表明，芽接当年不剪砧时，翌年接芽的生长量大、无分枝、成活率及苗木生长量都较高。而当年嫁接、当年剪砧时，接芽虽然可以早萌发，并抽生出枝条。但是，由于此时正值高温季节，剪砧过多（如剪口离接芽只有 1 cm），砧木剪口处易干枯，影响接芽的成活率；如果剪砧过少，不仅造成接芽长成枝条的生物量小，而且还可能造成需要二次剪砧，误工误时。因此，方块芽接成活后暂不剪砧，接芽不萌发，形成带芽过冬的半成苗。翌年春天芽萌发前在接芽往上 1 cm 处剪砧。剪砧后砧木上会萌发大量的不定芽，要及时抹除，防止砧木上的芽与接芽竞争养分。

五、带木质部芽接

1. 带木质部芽接的应用

带木质部芽接的成活率相对其他方法较低，通常用于亟须良种改良时的补接。

2. 嫁接时期

嫁接时间为每年的 10 月份，此时薄壳山核桃木质部和韧皮部难以剥离。

3. 接穗和砧木准备

方法同方块芽接。

4. 嫁接技术

选择粗细适中、芽眼充实饱满的接穗。用嫁接刀从接穗芽的上方 0.8～1.5 cm 处向下斜削一刀，深达木质部，再从芽的下方 1 cm 处约成 45°角斜切一刀，取下带木质部的芽片。用同样的方法在砧木光滑部位切一个与芽片基本相同或略长的切口。将芽片插贴于砧木切口上，插入芽片后应使芽片上端露出部分砧木皮层，其余部分形成层对齐。然后用嫁接膜将接合部绑紧，露出芽体（图 5-6）。嫁接后的管理方法同方块芽接。

砧木处理①

砧木处理②

砧木处理③

取接芽①

取接芽②

取接芽③

接穗嵌入砧木

包扎

图 5-6　带木质芽接流程

六、“∠”形插皮接

1.“∠”形插皮接的应用

由于地理上的差异，南半球和北半球的气候正好相反。将南半球（冬季）引种的薄壳山核桃枝条在北半球（夏季）进行嫁接，也就是将休眠的薄壳山核桃枝条嫁接在生长旺盛的砧木上。采用常规的枝接或芽接法，嫁接很难成活。为了达到从南半球引种的目的，解决休眠枝条在夏季生长旺季嫁接难以成活的问题，南京绿宙薄壳山核桃科技有限公司和江苏省中国科学院植物研究所开发了一种适合薄壳山核桃冬季休眠接穗夏季嫁接的“∠”形插皮接法，利用该方法可以实现夏季进行南半球（冬季）薄壳山核桃引种。嫁接方法简单易行，便于操作。

2. 接穗的采集和处理

在生长健壮的优良品种母树上，选择木质化程度高、发育充实、芽体饱满、无病虫害的一年生休眠期枝条。接穗采下后，先将穗条下端剪口进行蜡封处理，挂上标签，用湿润的报纸包扎，放入塑料薄膜袋中。由于当时北半球正处在炎热的夏季，所以要及时将材料放在 4 ℃冰箱中低温储藏，并注意保湿，以免枝条被抽干。

3. 嫁接方法

在苏皖地区的6—9月，选择生长旺盛且主干直径2 cm以上薄壳山核桃作为砧木，在距地面50～100 cm处，利用嫁接刀横切至木质部，在切口以上进行斜切，形成“∠”形切口。“∠”形的角度可以是40°～80°。用枝接刀在“∠”形切口的边缘皮层向下切开，长度约3 cm，宽度视接穗粗度而定。在接穗两侧各削一刀，形成双面楔，然后垂直插入砧木皮层内，深度约2 cm。完成后用嫁接膜绑缚（图5-7）。

切出“∠”形切口

剪开皮层①

剪开皮层②

接穗削面

接穗嵌入砧木

包扎

图5-7 “∠”形插皮接流程

4. 嫁接后管理

嫁接后的管理主要包括：一是及时观察成活率；二是当年冬季休眠到次年春天萌动前，剪掉嫁接口以上部分；三是次年春天萌动时，解除塑料膜；四是成活后及时抹除砧木上的萌蘖，以集中养分供应新梢生长；五是待新梢长度达到10 cm时设支柱进行绑缚，防止新梢从接口处劈折损伤；六是注意整形修剪，选留方位正、角度好的枝条做中心领导枝或主枝培养树形；七是加强肥水管理，以满足树体正常生长和结果的需要，为早结果、早见效益奠定物质基础。

七、香蕉皮接

1. 香蕉皮接的应用

香蕉皮接也叫作四瓣接，多用于接穗直径大于砧木直径的情况。由于该嫁接方法砧穗间的形成层接穗面积较大（砧穗间有8个接触截面），因而嫁接成活率往往较高。

2. 接穗准备

接穗应采自休眠期的母树，接穗直径在1.0～2.5 cm。采集一年生，芽饱满的枝条。采集后进行封蜡保存。

3. 嫁接方法

香蕉皮接应在早春，砧木皮层容易剥离的时候进行。在苏皖地区，通常为4—5月。剪除砧木接口以上的部分，在接口处使用枝接刀切开一条深约0.6 cm的切口，切口穿过髓心。随后，于第一个切口垂直处进行第二次切割。把砧木的4瓣皮层掰开约4 cm，剪去内层的木质部组织（尽量减少手接触皮层的面积）。选择光滑、健壮且直径与砧木相当的接穗，接穗长度约在15 cm，带有2～3个饱满芽，用枝接刀削4个长约为4 cm的方形削面，削面从皮层到木质部。将接穗垂直插入砧木中，并把砧木的4瓣皮层贴到砧木的4个削面，用嫁接膜自下而上绑紧（图5-8）。

砧木处理

掰开四瓣皮层

剪除砧木木质部

接穗削面

砧穗贴合

包扎

图 5-8　香蕉皮接

4. 嫁接后管理

嫁接后及时抹除主干上萌发的枝条，防止与接穗竞争营养，并加强肥水管理。

第三节　扦插育苗技术

一、扦插繁殖的特性

扦插是指利用植物营养器官的再生能力，发生新根或新芽而长成一个独立的植株。扦插是应用较为广泛的一种无性繁殖技术。扦插繁殖具有取材容易、操作简单、成本低、成苗周期短、能保持亲本的优良性状等优点。扦插是否成功的关键在于其能否形成不定根或不定芽。

薄壳山核桃属于扦插极难生根树种。目前在硬枝扦插和根插方面取得了一些研究进展，但是插穗来源仅限于未成龄母树，品种苗扦插繁殖仍未有大的突破。由于仅能对幼龄（童期）阶段的苗木进行扦插繁殖，因而，该技术在生产上应用较少，但可以将幼龄苗木修剪、短截、截干后剩余的枝条作为插穗，充分利用材料资源进行苗木扩繁。

二、扦插生根类型

插穗的生根类型分为3种：皮部生根型、愈伤组织生根型以及综合生根型（同时具有皮部生根型和愈伤组织生根型的特征）。

皮部生根型是在插穗的韧皮部形成不定根。该类型的根原始体在采穗前已经形成或是经药剂处理后形成。这种根原始体大多潜伏在皮层深处或木质部外髓射线处。扦插后，插穗的形成层部位能够形成许多特殊的薄壁细胞群，并随着细胞的持续分裂，向外分化出钝圆锥形的根原始体，侵入插穗的韧皮部，并且通向皮孔。在根原基向外发育的过程中，与其相连的髓射线也逐渐增粗，穿过木质部通向髓部，并从髓细胞中吸取贮藏的营养物质。凡是扦插生根较快、容易成活的植物，其生根类型大多是皮部生根型。

愈伤组织生根型是植物启动伤口保护、愈伤形成和再生恢复的综合结果。在插穗基部的切口处，由形成层及其附近的细胞分裂后，在基部切口表面形成一群半透明的、具有明显细胞核的薄壁细胞，即初生愈伤组织。它不但保护了插穗基部不受外界不良环境的影响，同时还保留了继续分化的能力。初生愈伤组织形成之后，细胞继续进行分化，逐渐形成与插穗基部木质部、韧皮部和形成层等相关联的组织，并且充分愈合。活跃的愈伤组织继续分化，形成了根的生长点，在合适的外界环境条件下，就能产生大量的不定根。这种生根方式就是先形成愈伤组织，再诱导形成根原基，再由根原基进一步生长形成不定根。一般来说，扦插较难成活、生根缓慢的植物，其生根类型大多属于愈伤组织生根类型。研究发现，薄壳山核桃硬枝插穗不定根的形成属愈伤组织生根型，愈伤组织主要起源于形成层和维管射线薄壁细胞。

三、硬枝扦插

1. 插穗采集与准备

插穗取自幼龄苗木，待其落叶后，剪取枝条。去掉枝条顶端嫩梢部分，选取其中段（直径0.5～0.9 cm）和下段（直径0.9～1.2 cm）的枝条。然后剪成长度为10～15 cm的短枝。也可以结合冬季修剪进行，利用冬季修剪剪下的健壮充实、无病虫害、腋芽饱满的1年生枝条。同样剪成长度为10～15 cm的短枝。剪好的插条数十枝为一捆（图5-9），挂上标签，然后埋于经多菌灵处理的细沙中，保持湿润，待扦插。

图 5-9　插穗处理

2. 扦插时间

薄壳山核桃硬枝扦插一般在落叶后发芽前进行。苏皖地区扦插时间以 12 月到翌年 2 月为宜。

3. 插床准备

扦插在塑料大棚中进行。采用温床底部加热的方法可以提高扦插的生根率。扦插床底部铺电热线，然后将珍珠岩（40%）、泥炭土（40%）、河沙（15%）、蛭石（5%）4 种基质按比例混匀后，铺在电热线上面，厚度为 10～15 cm。

4. 扦插技术

将剪好枝条的形态下端浸泡在浓度为 600～900 mg/L 的吲哚丁酸（IBA）或浓度为 800 mg/L 的萘乙酸（NAA）溶液中 4 h，也可使用生根粉，生根粉的浓度为 600～900 mg/L。然后将枝条形态下端插到基质中，紧靠电热线，插穗间距约为 10 cm。实行直插，扦插深度为插穗长度的 2/3。扦插完后随即浇透水。

5. 扦插后管理

扦插完后，要特别注意控制扦插床底部的温度和床面空气的温度和湿度。枝条形态下端切口处及基质底部的温度控制在 25 ℃左右，基质温度由下至上迅速降低，外界环境温度控制在 10～15 ℃左右。由于扦插过程中床面的空气温度较低，气温不高，不利于接穗的发芽，所以耗水量较低，供水量不宜过多，每隔 3～5 d 喷水 1 次，使基质含水量控制在 30%左右。

6. 炼苗移栽

扦插 60 d 后，及时检查生根成活情况。对生根的插穗进行移栽炼苗，首先将生根的穗条移栽至营养钵中，基质为草炭土、黄土和草木灰，配方为 5∶3∶2。然后，将移栽后的扦插苗放在塑料大棚中，注意保温保湿，温度控制在 25 ℃左右。对于未生根的穗条，要及时重新扦插。枯萎腐烂的穗条应及时拔除。

四、影响硬枝扦插成活的因素

1. 植物激素

不同类型的植物激素对根的分化有影响。生长素对植物茎的生长、根的形成有促进作用。吲哚乙酸（IAA）、吲哚丁酸（IBA）、萘乙酸（NAA）都有促进不定根形成的作用。在生产上使用植物激素处理可以促进生根。在薄壳山核桃硬枝扦插实验中发现，不同生长素的处理效果为：NAA>IBA>IAA。当使用激素的浓度为 900 mg/L，处理时间为 4 h 时，IBA 和 NAA 的生根率较高，分别达到 78. 33%和 81. 67%，而 IAA 的生根率仅为 31. 67%（表 5-1）。

表 5-1　激素对生根率的影响

处理	浓度/(mg·L^{-1})	生根率/%
CK	0	0^{a}
IAA	300	5. 00^{b}
	600	35. 00e
	900	31. 67^{c}
IBA	300	33. 33^{d}
	600	80. 00^{i}
	900	78. 33^{h}
NAA	600	56. 67^{f}
	900	81. 67^{j}
	1 200	63. 33^{g}

2. 加温处理

在薄壳山核桃扦插过程中，利用电热线使基质底部的温度保持在 25 ℃左右，空气温度保持在 10 ℃左右，可促进生根，延缓芽的萌发。研究表明，在没有温差的条件下，薄壳山核桃生根率几乎为零。

3. 枝条部位

薄壳山核桃下段枝条的生根率高于上段和中段枝条的生根率。但是中段枝条的生根率也相对较高。所以在薄壳山核桃的扦插育苗过程中，可选中下段枝条。

五、根段扦插

根段扦插繁殖是利用植物的根蘖性来繁殖个体的方法，称为根插或埋根育苗。薄壳山核桃根段容易分化出不定芽，根蘖性强。扦插时仅需将根段大部分埋在土中，少许露出土面，定期浇水即可。该方法主要用来繁殖砧木。

第四节 容器育苗技术

一、容器苗的特性

薄壳山核桃种子繁殖的实生苗为深根直根系，主根陡长、侧根极少或几乎没有，导致苗木移栽后成活率很低、缓苗时间长、进入挂果时间晚。容器育苗集高温催芽、芽苗移栽、水肥管理、嫁接等技术于一体，工艺具有一定的复杂性，但却是薄壳山核桃栽培产业健康发展的重要保障。与传统的裸根苗相比，容器苗有显著的优势：容器苗的根系在容器内形成，移栽时可以带着相对完整的根系，栽植后建园（造林）成活率高；没有明显的缓苗期、长势好；移栽时期长，可以在生长季节移栽。容器苗也有一定的缺陷，即苗木所带土球的上限有可能受到育苗容器大小的限制。根据容器的不同，可分为聚乙烯塑料容器苗、无纺布容器苗、美植袋容器苗、火箭筒容器苗等（图 5-10 至图 5-12）。聚乙烯塑料容器苗容易导致苗木盘根，此类容器在薄壳山核桃中的应用有减少趋势。

图 5-10　聚乙烯塑料容器苗

图 5-11　美植袋容器苗

图 5-12　火箭筒容器苗

二、容器育苗技术流程

1. 高温催芽

传统的育苗方式无论是春播还是秋播，当年生的实生苗很难达到可嫁接的粗度，一般需要经过两个生长季后才能嫁接。一种于晚冬早春期间高温催芽的方法，可为苗木额外争取 2 个月左右的生长期，经过精心管理后可达到当年嫁接的目的。主要的技术流程如下：

（1）种子准备　种子采收后，阴干（保存时间超过 1 个月需晒干）、浸泡、层积处理，层积时间可在 12 月初，适当提早。具体操作方法同本章第一节所述。

（2）高温催芽时间　在苏皖地区，每年 2 月初外界温度为 1～5 ℃时，将层积后的种子移入拱棚或大棚内进行高温催芽。

（3）催芽方法　催芽苗床可铺一层砖头（图 5-13），以防幼苗根系扎入土，不便于移栽。在砖头上铺一层厚度为 20 cm 左右的基质，可选择泥炭土∶蛭石∶珍珠岩为 3∶1∶1 的基质。基质铺好后，浇透一次水，苗床适当补平备用。层积完成后，在准备好的苗床上铺一层种子，种子紧密排放（图 5-14），随后覆盖厚度为 5～7 cm 的基质。覆土完成后，浇水并在苗床上覆盖草帘用以保湿，进行大棚催芽（图 5-15）。没有大棚时，可沿苗床搭小拱棚，棚内土壤温度可达到 20～25 ℃。

图 5-13　大棚搭设（铺地砖防止幼苗根系扎入土中）

图 5-14　种子铺设

图 5-15　大棚催芽

（4）水分和温度管理 土壤应保持适度的水分，及时补充由于温度升高而蒸发散失的水分。当棚内温度过高（35 ℃）时，应及时揭膜通风换气，散发热量。

2. 芽苗移栽

当幼苗长出大约 2 片真叶时进行芽苗移栽（图 5-16）。移入容器前，用剪刀将须根以下根系伸长区剪除，以促发侧根。同时，避免幼苗种子掉落。将断根后的幼苗移栽到容器中。理论上育苗容器越大越好，但成本也相应地增大，选择的容器规格不应小于 12 cm（口径）×20 cm（高度）。

图 5-16 大约 2 片真叶时芽苗移栽

3. 大田定位

长出真叶后进行芽苗移栽时，应注意倒春寒对幼苗的损伤，如移苗时间过早（4 月中旬前），需放置大棚中进行炼苗后，才可以移到大田中。芽苗移到大田的时间最好在 5 月结束，以便有足够的缓苗及生长时间，来应对 7、8 月的高温胁迫。芽苗移栽的容器可全部埋入土中（图 5-17），通常土壤中温度要比大气温度具有较小的波动性，将容器埋入土中可以减少逆境胁迫的发生。预算比较充足时，先在大田中铺设一层园艺地布，防止杂草生长。随后，安装滴灌设施，将滴管插入每一个育苗容器中（图 5-18）。

图 5-17　埋入芽苗移栽容器

图 5-18　滴灌设施

4. 幼苗管理

芽苗移栽后，在苗木生长期（4 月底至 8 月）追施肥料，每月可追施一次，以氮肥为主，可于雨前进行撒施，并每个月喷 2 次浓度为 1 000 倍的活水根华素叶面肥。灌溉宜根据当地降水量来定，始终保持土壤含水量不低于 60%。7 月和 8 月，喷 2 次浓度 100～200 mg/kg 的赤霉素 GA_3（又名“920”），可促进幼苗生长、确保移栽当年即可嫁接。

5. 优良品种嫁接

薄壳山核桃容器苗基部以上 8～15 cm 处直径达到 0. 6 cm 即可嫁接，嫁接可采用方块芽接和插皮接的方法。具体操作参考本章第二节中所述的技术流程。

第六章 薄壳山核桃果园高效栽培技术

薄壳山核桃是集果用、油用、药用、材用和风景绿化用于一体的优良经济树种。以收获果实为主要目标时，涉及建园、栽植、水肥管理、整形修剪等栽培技术。栽培技术科学与否决定了薄壳山核桃建园的成败以及今后是否高产稳产。只有了解栽培树种生物学特性和当地的生态条件，才能采取相应的栽培技术，最终实现用较少的投入，获得最大的经济、生态和社会效益。

第一节 建园技术

一、园址选择

立地是气候和土壤等许多外界环境条件所组成的复杂体。立地是指种植基地（园）的具体环境。在山地或地势有起伏的地方，局部地方的变化，特别是温度上的变化，有时决定着种植成败。同一品种，在不同立地条件下，其生长好坏、产量高低不一，主要是立地因子的质和量之间的差异所造成的。立地是薄壳山核桃获得高产稳产的基础，因此要重视立地类型的选择。薄壳山核桃比较适宜在地势平坦的地方生长，在坡度为25°以下的丘陵坡地也可以正常开花结实。坡度越大，土层就越浅，越不利于薄壳山核桃生长。

薄壳山核桃喜深厚、肥沃、疏松的土壤，土层要求至少1.0 m。一般土壤均可生长，但质地过于黏重，尤其是心土层过于黏重的酸性土壤；深层岩石土壤；质地过粗的土壤不宜种植。从成土母岩来讲，以富含腐殖质的石灰岩风化而成的砾质壤土为宜，以石灰岩上发育的油黑土、黄泥土，以及砂岩、板岩、页岩上发育的黄泥土为最好，而红壤、沙土宜进行土壤有机化改良才可种植。薄壳山核桃在水涧或池塘边生长、结实效果均较优，但在排水不良、通气性差的地方则生长不良，也不适宜种植。薄壳山核桃对土壤酸碱度的适应范围大，微酸性至微碱性土壤均能生长，适宜的pH值为5.5～8.0，但以中性土壤为最佳。一般薄壳山核桃不宜种植在干旱、贫瘠、土层浅薄、保水性差的土壤中，否则会出现生长不良，产量低和品质差的问题。因此，种植园在靠近水源或具有灌溉条件且土壤肥沃的地方为宜。

二、园区规划

薄壳山核桃园址选择确定以后，需对拟建园区进行规划设计。园区的规划需综合考虑社会、经济状况，气候因素，造林地条件，交通状况，资金配比和劳动力等方面。规划的内容涉及品种的选择、授粉树的配置、基础设施的建设、排灌系统的建设以及一些其他辅助设施（例如，新建园区内通常需配建一部分管理用房，用于农机具、生产性农资等的保存）。

平地园区，宜以长方形划区，这样有利于机械操作和运输。山地园区，划分依地形而定，一般有大区、小区之分，主要依据以坡、沟为单位划分。标准示范果园一般有规模生产区、品种示范区、采穗圃、育苗圃等不同分区，具体建设面积根据园区大小、需求而定。

为了便于肥料、农药、果品的运输和机械车辆行走，须修筑道路。可根据园内地块坐落、地形、边缘、坡向和坡度、土质肥力等因素，有主路、支路、小路之分。主路宽5～7 m，贯穿全园，外与公路相连，内与各支路相通。支路3～4 m，既可作为区间分界又能运送肥料和产品。作业道路（小路）宽1～2 m，便于进入园地内管理。山坡地则按面积和坡高设计环山的主干道，依坡顺势设计田间道，以便形成道路网，便于运输和作业。

排灌系统是保证薄壳山核桃能正常生长发育所必需的基本条件。排灌系统的建设总体要求达到“提、引、拦、蓄”。低洼和平地要修建直沟、明沟、背沟形成排水网络。坡地则在全园地势低洼处修建蓄水池，以便蓄水。蓄水池建造体积依据需水量和灌溉面积估算。育苗圃可采用喷灌、微喷灌或滴灌技术，既节约用水又可实现肥水一体化管理，降低生产成本，提高种植效益。

三、建园方式

1. 通过嫁接苗建园

此种方法是最普遍也是最值得推荐的果园建造方式。良种嫁接苗没有童期，只需经过一定时间的营养生长即可开花结实，还能保持母本的优良性状。可以采用1～3年幼树建园，此类嫁接苗缓苗期短，移栽成活率高。成年树建园虽然成形快，但也存在成本高、缓苗期长的缺点。

2. 通过直接播种建园

在果园营建时，可以通过直接播种的方式来实现。但种子直播建园的方式应用较少，只应用于以收获木材为主、果实为辅的材果兼用园。整地后，将薄壳山核桃播种在7～10 cm深的土穴中，每穴至少播种2粒，以确保有幼苗长出，可冬播或春播。这样可以省去种子贮藏、培育苗木等一系列工作。冬季播种时间选择在立冬前后，春播宜在立春到春分期间播种。播种后最好用草帘覆盖，既保持水土，又能防止土壤结块，减少杂草的发生，对种子发芽和生长均有利。

3. 通过种植实生苗后进行嫁接建园

此种方法是通过直播或者移栽培养实生苗后，再进行优良品种的嫁接。该方法虽然前期建园成本比较低，但嫁接后水肥管理的综合成本要高于育苗圃中集中管理，且对嫁接的成活要求也较高，否则果园长势的整齐性将受到影响，甚至延缓果园良种化进程。移栽实生苗后，由于根系受到损伤，伤流液少，春天插皮接的成活率一般也较高。嫁接后需注重水分的管理，频繁的干旱，会导致愈合部位不牢固，影响后期生长。

四、品种选择

薄壳山核桃栽培品种种类众多，各品种的生态要求有一定的差异，栽培适应性也有少许不同。应根据当地气候条件，选择正确的品种，这是建园的关键环节，也是获得经济效益的重要前提。

我国引种的薄壳山核桃按气候与地理位置分为三大品种类型：适宜在我国东南沿海地区栽培的品种类型，引种自美国东南部（得克萨斯州东部、路易斯安那州、佐治亚州和佛罗里达州南部），气候高温潮湿，生长季一般在200 d以上，坚果较大，对黑斑病及叶部病害有较强的抗性，例如‘肖肖尼’‘波尼’‘金华’等；适宜在云南等西部相对干旱的地区栽培的品种类型，主要产自得克萨斯州和美国其他年平均降水量少于500 mm的西部干旱地区，抗病能力不及东部品种类型，例如‘卡多’‘肖尼’‘契可特’‘波尼’‘威奇塔’等；适宜在北方栽培的品种类型，引自俄克拉何马、堪萨斯和密苏里等州，适应短生长季的气候，抗寒、抗旱，例如‘卡多’‘波尼’‘科尔比’‘威奇塔’。一般北方型品种坚果较小，但果仁风味通常优于东西部品种。

由于薄壳山核桃是雌雄花异熟的树种，雌花可授期与雄花散粉期多不相遇，因此栽植时需要配置授粉树。在授粉树配置中，除了考虑花期因素外，还要考虑品种抗性、产量及果实成熟期等因素。以‘波尼’为主栽品种时，需另外配置 2～3 个品种进行授粉，可选择‘威奇塔’‘马罕’‘肖尼’等。

五、栽培技术

1. 苗木选择

选用品种纯正、须根发达、无病虫害、苗高大于 60 cm、粗度 1 cm 以上的良种壮苗，建园应注意品种搭配。实生苗宜选用 2～3 年苗木，定植后进行嫁接，嫁接时同样要合理安排品种的搭配，以符合授粉树配置的要求。

2. 土壤改造

在荒坡地建园时，需先清除园区内杂木林或杂草，再将 3%辛硫磷颗粒剂撒入园地消灭地下害虫，然后用机械将土壤平整、深翻。但要重视水土保持，且根据具体地形、地貌特点进行坡改梯、斜改平、薄改厚，使其长边与等高线平行。施足腐熟农家肥作为基肥。

3. 整地

整地是薄壳山核桃建园的重要环节。通过深翻土壤，加深耕作层厚度，可以改良园地土壤结

图 6-1　土壤深翻

构、提高土壤蓄水和通气状况、改善微生物生长条件。立地条件为山区丘陵时，整地应与水土保持结合。整地方法有全垦、带状垦和块垦 3 种方法，各地可根据园地条件、经营水平、劳动力情况，因地制宜地选用。

（1）全垦 适用于坡度小于 15°以下，不易造成水土流失的园地。山地、园地原有植被皆伐后、炼山，炼山时需注意适宜的时期，要避开防火季。整地时将心土朝上，表土朝下，挖垦深度至少在 60 cm。

图 6-2 全园深翻

（2）带状整地 包括高垄整地、水平阶、水平沟、梯田、撩壕等整地方式。该方式适用于坡度为 16°～25°的山地使用，既有利于水土保持，也有利林下复合经营。整地可顺着坡自上而下挖垦，本着“上挖下填，削高填低，大弯顺势，小弯取直”的原则，筑成内侧低，外缘略高的水平阶梯，又称为“反坡梯地”。

水平阶梯地的阶梯宽度视坡度、造林的品种和经营目的而定。一般生产性的薄壳山核桃，带基面宽度为 3～4 m（图 6-3）。水平阶梯整地虽然用工较多，但却是一种一劳永逸、保水、保土和保肥的好方法，既有良好的水土保持作用，又增加了可利用的土地资源。

（3）块状整地 包括穴状整地、坑状整地、鱼鳞坑整地和高台整地等。适宜在坡度较大，坡面破碎及“四旁”的地方采取此类整地方式。整地时，表土和心土分别堆放，先以表土填穴，最后以心土覆盖于穴面。此法虽然省工省时，但因整地范围小，改善林地条件的作用不如前两种方法的效果好。

图 6-3　水平阶梯整地

4. 挖穴和施肥

在水平带上根据行间距，开挖大穴，长宽高规格均在 100 cm 左右（图 6-4）。挖穴后施足基肥，每穴施入腐熟有机肥（或农家肥）25 kg 左右，分两次施入；一层肥一层土填入坑内，略加踩踏，填至距地表面 30 cm 时，回填表层土（拌入钙镁磷肥 1 kg）至低于地面 15～20 cm 处。

5. 栽前处理

苗木长距离调运时，要防止失水。配合整形做适当的修剪，既调整了树形，也能降低苗木栽植后的营养需求，促进成活。对于劈裂受伤的根系，需剪除剪平，防止栽后腐烂。若不能及时栽植且气温低于零下时，可以把苗木根系浸泡在清水中 12～24 h（图 6-5）。栽植前根系可蘸含生根粉 50 mg/L 或萘乙酸 200 mg/L 的泥浆（图 6-6），提高成活率。

图 6-4　挖种植穴

图 6-5　根系浸泡

图 6-6　蘸含生根粉的泥浆

6. 定植

薄壳山核桃落叶后至芽萌动前均可定植，最好在 11 月底至 12 月中下旬，因为此时外界气温虽然比较低，但土壤的温度仍比较适宜根系恢复及生长。栽植时，将苗木扶正，用土埋住根系，然后轻轻提苗以舒展根系，随后覆土，分层踏实，覆土深度要比原来苗木的栽植深度深 5～6 cm，嫁接口切记不可埋入土中。为方便灌水，可在苗木周围培土埂，做一灌溉坑；或者栽植时，靠近根茎部分的土适当下凹。定植后，浇足定根水，并在上面覆一层松土，也可以在树盘处覆盖草帘、薄膜（图 6-7、图 6-8）。

7. 栽培密度

薄壳山核桃是喜阳树种，以果用为目的时宜稀植，永久株数控制在约 10 株/亩。栽植密度过大，果园郁闭后既不利于发挥品种应有的产量潜力，也容易滋生病虫害，削弱树势。果园永久株的株行距应在 8 m 及以上，低于该密度则不利于丰产。可以采用“计划密植+后期间伐”的方式进行建园，此类栽植方式可以提高早期的产量和绿化率，栽植时宜采取宽行窄株的方式，如 4 m×10 m、4 m×12 m、5 m×10 m（图 6-9 至图 6-11），方便后期林间机械化套种。

图 6-7　草帘覆盖树盘

图 6-8　薄膜覆盖树盘

图 6-9　5 m×10 m 定植果园（定植后 2 年）

图 6-10　5 m×10 m 定植果园（定植后 11 年）

图 6-11　4 m×12 m 定植果园（定植后 2 年）

8. 授粉树配置

薄壳山核桃虽为雌雄同株，但大多花期不相遇，故必须配置雌、雄花期相遇的品种作为授粉树，授粉树比例应不少于 10%。薄壳山核桃雄花为风媒花，花粉传播距离一般为 50～200 m。虽然花粉的产量大，且传播距离远，但散粉时间通常只有 7 d，如遇雨水天气，授粉效果将受到较大影响。为保证充分授粉，建议授粉树设置在配套品种 50 m 内。

第二节　幼树抚育管理

一、幼树抚育管理的意义

从定植到进入盛果期前的薄壳山核桃称为幼树。幼树期树体处于营养生长大于生殖生长阶段。此时期以快速培养树体骨架为主，树势生长旺，树形也会逐渐开张，有利于盛果期产量的提高。为了保证树体正常发育，防止发生“小老树”或枯死现象，并为以后的丰产稳产奠定良好基础，建园以后一定要加强对幼树的综合管理。

二、肥水管理

1. 肥料管理

（1）施肥时期 对幼树而言，施肥是非常重要的，特别是定植后的第一个生长季。幼苗期以施氮肥为主。氮素可以促进幼树快速生长，但是大量施氮也会造成其脱水烧伤。幼树追肥一般 3～4 次，可在以下时期进行：一是早春。此期追肥有利于促进幼树高生长。二是夏季的雨季。夏季雨水较多，也是幼树生长高峰期，结合夏天的雨季可挖穴追施化肥。三是秋季。9 月份以后追施氮肥会延迟休眠和增加冻害的风险，此时期宜在落叶前后以有机肥为主，有机肥必须进行集中堆沤发酵处理后，方可施用。不经腐熟的有机肥施后容易烧根和引来地下害虫。

（2）施肥量及施肥方法 薄壳山核桃的需肥情况，因树龄、树势、结果量及环境条件等变化而变化。处于缓苗期的薄壳山核桃，少施或不施化肥。若施肥，需待其新梢长到 15 cm 开始施用复合肥 100 g，并远离树根追施，防止化肥烧苗。秋季落叶后，每株施腐熟有机肥 20 kg；度过缓苗期后，一年追肥 3 次，具体施肥量可参考下表 6-1。

表 6-1　幼树施肥时间及施肥量

树龄	施肥时间	总施肥量	目的
2～3 年	4 月中下旬至 5 月初（施入追肥总量的 50%）	0.75～1.00 kg 三元复合肥，外加每次 100 ～200 g 尿素	促进新梢生长、树冠快速形成
	6—7 月（施入追肥总量的 50%）		
	10—11 月中下旬	有机肥 20 kg	促进根系生长，增加越冬营养储备
4～5 年	4 月中下旬至 5 月初（施入追肥总量的 50%）	1.5～2.0 kg 三元复合肥，外加每次 100 ～200 g 尿素	促进新梢生长、树冠快速形成
	6—7 月（施入追肥总量的 50%）		
	10—11 月中下旬	有机肥 20～30 kg	促进根系生长，增加越冬营养储备
6～7 年	4 月中下旬至 5 月初（施入追肥总量的 50%）	2.5～3.0 kg 三元复合肥，外加每次 100～200 g 尿素	促进新梢生长、树冠快速形成
	6 月—7 月（施入追肥总量的 50%）		
	10—11 月中下旬	有机肥 30～40 kg	促进根系生长，增加越冬营养储备

施肥方法通常有环状施肥、放射状施肥、条沟施肥、穴状施肥共 4 种。

环状施肥：在树干周围，沿树冠的外缘，挖深 20～40 cm（追肥时沟深可在 20～30 cm，施基肥时沟深在 30～40 cm），宽 20～40 cm 的环状施肥沟（图 6-12、图 6-13），将肥料施入后回填土，施肥沟的位置随树冠的扩大而向外扩展。

图 6-12　环状施肥示意

图 6-13　环状施肥

放射状施肥：从树冠边缘的不同方位开始，向树干方向挖 4～8 条放射状施肥沟，沟宽 20～40 cm，沟深 20～40 cm，长度视树冠大小而定（图 6-14）。

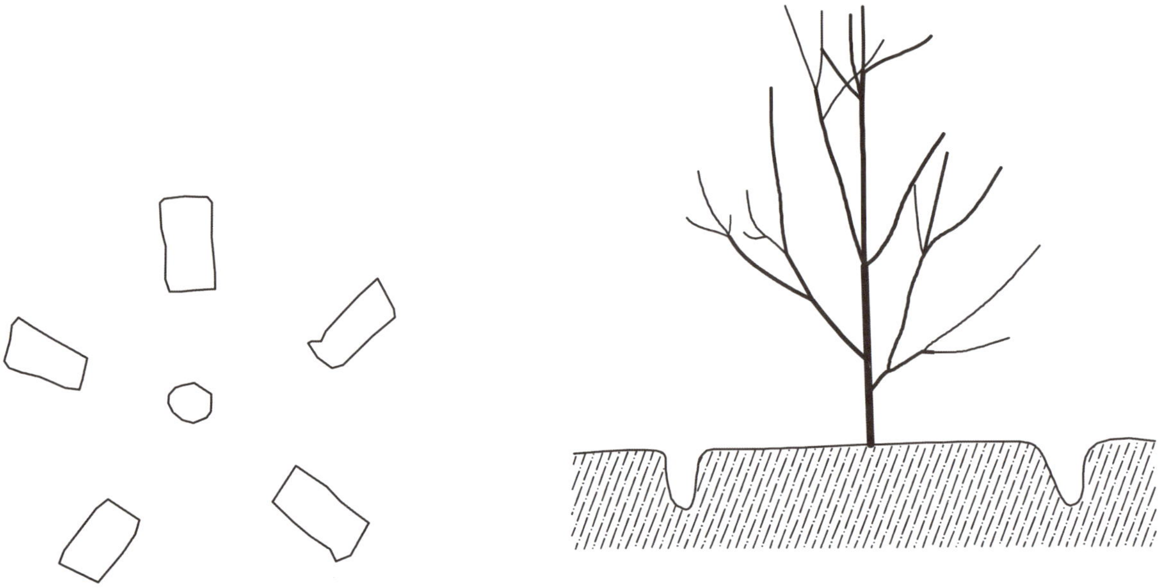

图 6-14　放射状施肥示意

条沟施肥：在行间或株间挖条状沟，沿树冠滴水线边缘的两侧，挖平行的施肥沟，深度 20～40 cm，宽度 20～40 cm（图 6-15、图 6-16）。

图 6-15　条沟施肥示意

图 6-16　条沟施肥

穴状施肥：以树干为中心，从树冠半径的 1/2 处开始，挖若干个分布均匀的施肥穴，将肥料施入穴中回土（图 6-17、图 6-18）。

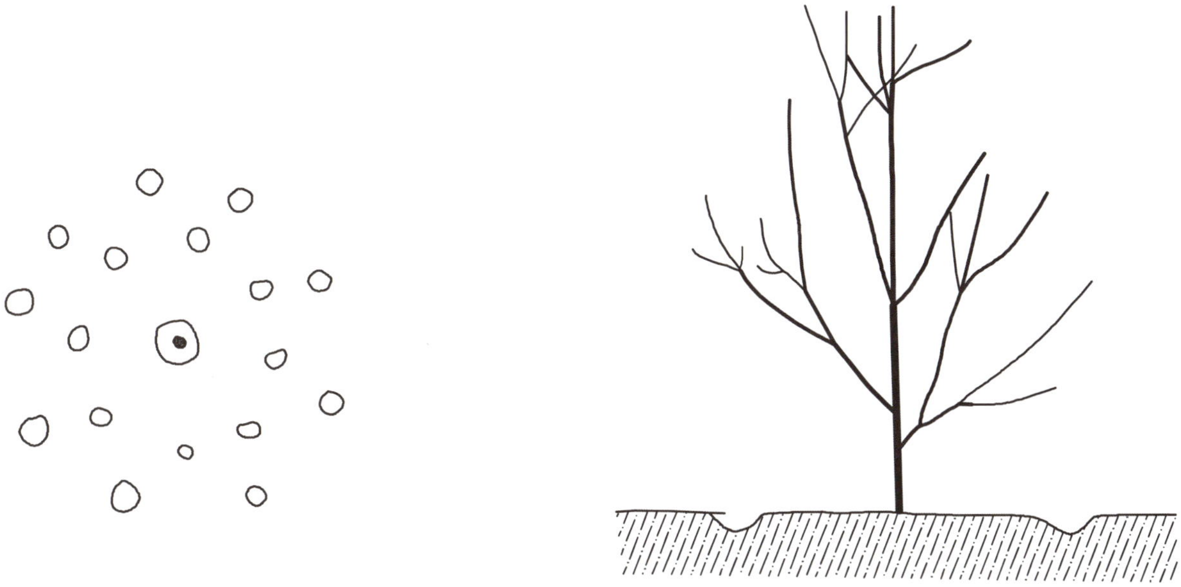

图 6-17　穴状施肥示意

图 6-18　穴状施肥

2. 水分管理

（1）灌溉　在年降水量达到 600～700 mm 的地方，若降雨时期分布均匀，基本上可以满足薄壳山核桃生长发育的需要。如果降水不足，或者降雨分布不均，就需要通过灌溉加以补充，无论幼树还是大树，都要加强土壤水分的调节。灌水的时间、数量和方法，可据当地气候条件、土壤水分状况、降雨状况及生长发育情况而定，没有自然灌溉条件的须建设蓄水池、水窖等，采用滴灌、喷灌、渗灌等节水灌溉技术。

薄壳山核桃的灌水时期：

① 萌芽期。早春薄壳山核桃要完成芽的萌动、展叶、开花及新梢抽长等复杂过程。抓好萌动以前的早春灌，对于促进前期生长极为有利，同时还可防止春寒、晚霜的危害。

② 生长期。立夏后易出现短时间或长时间的高温干旱天气，这时叶片易萎蔫，妨碍正常的蒸腾作用和光合功能。尤其对新定植后树苗，根系水分和营养的吸收能力较差，最好每周浇透一次水。薄壳山核桃虽耐涝但不耐旱。

③ 冬前。在土壤结冻前充分灌水，结合秋季深翻整地施入基肥，可促进根系吸收，增加养分的积累，提高树体营养积累水平。

（2）排水　薄壳山核桃虽较耐涝，但长期淹水也会严重影响其生长，因此如遇长期雨水，也需做好排涝工作。雨季来临前须及时清理畦沟、排水沟、出水沟，达到雨期畦沟内不积水，大暴雨不受淹的目的。

（3）杂草管理　由于薄壳山核桃造建园密度较小，林地空间较大，易生杂草。杂草不仅会造成土地资源的浪费，而且还影响幼树生长。薄壳山核桃幼树期中耕除草工作较为重要，根据杂草生长情况，每年一般需中耕除草 3～5 次，树盘范围内人工除草，树盘外可使用机械旋耕，既可以把草根除掉，还能起到浅层松土的效果。树盘外除草也可以使用化学除草剂，但需小心使用，飘到树干枝叶时会严重延缓树苗的生长。除草剂使用时间可选在薄壳山核桃尚未展叶的 3 月底 4 月初，以及气温较高的 6—7 月。

定植后的前 3 年，苗木较小，林下可利用的空间较大，空地可套种矮秆作物，如苕子、花生、大豆、绿化小苗等，以耕代抚，既可以减少杂草丛生，又可以获得较好的经济效益，达到以短养长的效果（图 6-19）。

图 6-19　以耕代抚

三、整形修剪

整形修剪是薄壳山核桃栽培管理中一项十分重要的技术措施，只有在充分认识薄壳山核桃生长发育规律的基础上，根据生长、发育、结果特性，不断地改进和完善整形修剪技术，才能达到早实、丰产、稳产的目的。薄壳山核桃顶端优势强，中心干不明显，分枝少，枝条直立性强且角度不开张，树冠常呈抱合形。为促进树冠开张、枝量增长、分枝合理，提高结果后机械化采收效率，宜采用主干疏层延迟开心型进行整形（图 6-20）。

幼树期整形修剪的目的是快速培养合理的树形，为丰产奠定基础。幼树定植时最好进行截干（根系保留较为完整时可不截干），截干既可以提高成活率，也能促进枝条萌发，增强光合作用。截干后的第一个生长季通常会有 1～4 个新生枝条在切口附近生长。如果长势恢复较好，可于落叶后，选择强壮直立枝作为中央领导干。与中央领导干相竞争的枝条，应予以疏剪。其他枝条应予以轻度回缩。如果第一年长势较差且无明显的直立枝时，可于落叶后在上一年的切口处再进行截干；也可选择一个枝条相对较壮的进行回缩（选择一个壮芽，在其上方进行回缩），其余从基部疏除。

图 6-20 主干分层树形

缓苗结束后的第 2～5 个生长季节，可于每年的 6—7 月（生长季节），对徒长的主枝进行适当回缩，使其长势小于中央领导干。适当的回缩可促发新枝，使树体骨架早日形成。休眠季节（11 月底至次年 3 月底）整形修剪时，将与中央领导干相竞争的枝条从基部疏除。中央领导干可不做修剪，始终保证当年生的中央领导干长度在 1 m 及以上为宜，利于培养层间距高的树形，对增加树冠层内、层间光照有益。对于生长季节修剪后长出的新梢，保留角度开张的枝条，角度小的应予以疏除。内膛徒长枝通常直立性强，易导致树形层次不明显，也予以疏除。底层主枝粗度达 2. 5 cm 时，从其基部予以疏除，逐步提高主干的高度，最终使主干高度达 1.5～1.8 m。

自然生长的薄壳山核桃嫁接树通常主干分层不明显，因而幼树前 5 年应特别注重整形修剪，一旦骨架形成，再调整树形时，对树势伤害较为严重，不仅增加了抚育管理的成本，而且还会影响果园的产量。

四、早花早果调控技术

经过 4～5 年的生长后，薄壳山核桃树冠初步形成，此时可采取措施，促进花芽分化、早果丰产，达到以果压枝、开张树冠的目的。

1. 水肥管理

肥水不足不利于薄壳山核桃的生长，但肥水过多，就会造成营养生长过剩，枝叶徒长，所以要合理浇水施肥。降水不足时需及时灌溉；遇雨季时，应及时排除积水。

研究表明，使用植物生长调节剂多效唑或果树促控剂在生长季节进行叶面喷施时，其营养枝的枝头会逐渐变粗，叶片变深绿色，花芽分化良好，最终控长促花。

2. 土壤管理

通过深翻改土、松土保墒、树盘覆盖等措施改善幼树的土壤条件，可达到早花早果丰产的目的。生长季及时中耕松土，保持土壤疏松。每年或间隔 1 年，结合秋施基肥对全园进行人工或机械深翻改土，并埋入秸秆、土杂肥、绿肥、青草等，熟化土壤，提高土壤有机质的含量。

使用青草、农作物秸秆进行树盘覆盖，既可降温保墒、抑制杂草，又可增加土壤有机质、改良土壤。可每次覆盖 2～3 cm，待腐烂后再覆盖。新建园当年在树苗周围进行覆盖，可提高成活率和加快苗木生长。

3. 整形修剪

幼树主要是营养生长，要实现早花早果丰产，就必须促使营养生长向生殖生长转化，可以通过修剪来实现。首先要在 3～4 年内培养好早产丰产的树形，主侧分工明确，结果枝分布合理。早期每年的冬剪，主枝延长枝都要短截。修剪量宜轻，以期快速增大树冠早结果，除对过密枝条酌情疏除外，其他枝条一律做辅养枝或临时结果枝保留。

4. 环剥和环割

对不同角度的枝干进行环割或环状剥皮，这样能有效地促进花芽分化，早果丰产。对 2～3 年生辅养枝首先进行环割，位置在枝条基部，每次可环割 3 道，每道相距 3～5 cm。环割后树势仍未缓和的可进行环剥，剥口宽度按不超过枝条直径的 1/10，但是原则上不超过 0.5 cm，剥后用薄膜绑扎伤口。

5. 人工辅助授粉

影响薄壳山核桃坐果率的一个重要因素是授粉受精不良。授粉受精影响因素包括：授粉品种

配置不合理，造成雌雄花期不遇；雄花散粉期与雌花可授期连续阴雨。如遇以上情况，需要进行人工辅助授粉。需提前 3～5 d 将小部分散粉的雄花序（此时小部分出粉，整个花序呈黄色时）小心采下，迅速置于硫酸纸上摊开阴干，防止发霉。至大部分黄色花粉自动爆出，搓动，除去花渣，用细塑料纱布过滤，筛去杂质，放 0～3 ℃低温保鲜贮藏备用。当多数雌花可授时，须抓紧时机，进行人工授粉。

第三节 成年树抚育管理

一、成年树抚育管理的意义

成年结果树以生殖生长为主，进入盛果期后产量达到最高，肥料的需求量也最大，此时期管理不当，将严重影响产量及树势，加剧大小年现象。采取有效的技术措施，综合管理，可确保高产、稳产。

二、土壤管理

成龄薄壳山核桃果园的土壤管理，主要通过深翻改土、中耕除草、耕翻扩盘等措施改善园地的立地条件，达到丰产的目的。翻耕可以熟化土壤，改良土壤结构，提高土壤的保水保肥能力，减少病虫害发生。土壤翻耕的方法包括深翻和浅翻两种：深翻适用于平地园或面积较大的梯田，一般在果实采收前后结合秋施基肥进行；在土壤条件较好或深耕有困难的地方，可采用浅翻，于每年春、秋季进行 1～2 次，深度为 20～30 cm。在翻耕的过程中须注意：离树干近的地方要浅翻，离树干远的地方要深翻；平坦的地方要深翻，缓坡的地方要浅翻；坡度较大的地方，水土流失较严重，可以通过挖水平阶、鱼鳞坑、修树盘、筑埂等工程措施蓄水保墒，从而起到丰产的目的，具体管理措施可因地制宜地进行。

每年中耕除草 2 次，在杂草生长旺季进行，也可根据园地杂草生长情况灵活进行。覆盖生草能稳定根际环境，丰富果园生物群落，提高果园土壤有机质含量，平衡土壤和果树营养。

此外，还应及时清理薄壳山核桃园地上的灌木、枝梢、倒木等。园地清理的主要目的是为了改善立地条件和卫生状况，同时为进行抚育管理创造便利条件。

三、肥水管理

1. 施肥管理

（1）经验施肥 薄壳山核桃结果树有两个需氮高峰期，一个是新梢生长期，另一个是灌浆期。结果树在新梢生长、树干增粗过程中对氮肥的需求量大。建议每年施肥次数在 2～3 次，其中生长季节追施化肥 1～2 次，休眠季节施基肥 1 次。

追肥在 4 月中下旬至 5 月初进行（沙壤土施入建议分两次进行追肥，另一次在 8 月中下旬），基肥以早施为宜，最好在采收后施入，最迟在土壤封冻前施入。早施（10 月底至 11 月中下旬）

时，外界温度虽然已经较低，但土壤温度仍较适宜根系生长，能够促进根系生长，增加越冬营养储备，对来年生长发育有利。结果树施肥方法见表 6-2，施肥量参照经验而定。

表 6-2 结果树施肥标准

施肥时间	总施肥量	施肥目的
4 月中下旬至 5 月初（施入追肥总量的 70%）	按 1 cm 胸径施 0.25～0.5 kg 三元复合肥	促进新梢生长、果仁饱满
8 中下旬（施入追肥总量的 30%）		
10 月（果实采收结束）至 11 月中下旬	按 1 cm 胸径施 5～10 kg 有机肥，外加 250 g 复合肥	促进根系生长，增加越冬营养储备

薄壳山核桃结果树对锌元素需求量高，当果园出现缺锌症状（叶片失绿，叶边缘卷曲）时，需追施锌肥。可以采用硫酸锌进行土壤追施或叶面喷施。4 月中下旬至 5 月初进行土壤追施，每株结果树施硫酸锌 1.0～1.5 kg。土壤偏碱性时，硫酸锌易被土壤中的碳酸盐结合，使得薄壳山核桃难以利用，只能进行叶面喷施。叶面喷施在展叶后两周（4 月中下旬）开始进行喷施（0.25%硫酸锌，18 L 水中含 45 g 硫酸锌），随后每 2～3 周喷施一次，共喷施 4 次，7 月中下旬停止喷施。

（2）精准施肥　要真正做到精准施肥，需要掌握目标产量、土壤供肥量、肥料利用率和肥料中有效成分含量等参数。由于薄壳山核桃产量有大小年现象，产量受多种因素的影响，难以估计目标产量。通常采用叶片营养诊断法来指导薄壳山核桃的精准施肥。叶片和果实中各营养元素间多为正相关，因此叶片营养诊断法可以精准、方便地指导施肥。表 6-3 是薄壳山核桃健康叶片中各营养元素的含量。

表 6-3 薄壳山核桃叶片（干物质）营养元素含量

营养元素	叶片营养元素含量
氮/%	2.4～3.0
磷/%	0.14～0.30
钾/%	1.00～2.50
硫/%	0.20～0.35
钙/%	0.70～1.75
镁/%	0.30～0.60
硼/($\mu g \cdot g^{-1}$)	15～50
铜/($\mu g \cdot g^{-1}$)	6～30
铁/($\mu g \cdot g^{-1}$)	50～300
锰/($\mu g \cdot g^{-1}$)	100～2 000
锌/($\mu g \cdot g^{-1}$)	60～150
镍/($\mu g \cdot g^{-1}$)	>2.5

进行营养诊断时，所取的材料为羽状复叶中间位置的小叶。每块样地需取约 100 个小叶片。以表中各营养元素含量为标准，每年 7 月采集叶片进行营养分析，为下一年的施肥制订方案。可参考如下方案进行施肥：

氮含量<2.3%时，说明果园严重缺氮，施氮量为上一年的 2 倍。如果上一年没有进行施肥，可参照经验法进行施肥；氮含量在 2.3%～2.4%时，施肥量为上一年的 1.3 倍；氮含量在 2.4%～2.7%时，施肥量与上一年相同；氮含量在 2.7%～3.0%，施肥量为上一年的 0.7 倍；氮含量大于 3.0%时，施肥量为上一年的一半。

磷在土壤中的可移动性差，每年施的复合肥已经包含磷元素，一般不需再额外施入。当土壤中磷的含量小于 0.14%时，需补施磷肥，含量为 250 g 的 P_2O_5；当磷含量不少于 0.14%时，可不追施磷肥。

钾是碳水化合物输送、渗透调节、酶类活化的必需物质。维持氮、钾一定的平衡对树体具有重要意义。氮/钾比例应维持在 2∶1，可防止叶片焦枯、维持最佳产量。当钾含量小于 1%时，可追施 250 g 的 K_2O；当钾含量不少于 1%时，可不追施钾肥。

微量元素，一般不采取根部施肥的方法，因微量元素易被土壤固定。如果叶片检测结果显示缺乏相应的元素时，可参照微量元素肥的说明书进行叶面喷施。喷施的肥料浓度应适宜，可少量多次施用，防止浓度高引起伤害。喷施的时间最好选择在无风或微风的晴天上午 10 点以前或下午 4 点之后。由于薄壳山核桃需锌量高，除可叶面喷施外，还可根据土壤状况施肥，每株施肥量为 1.0～1.5 kg 硫酸锌，但当土壤 pH 值>7 时，硫酸锌与土壤中的碳酸盐结合形成可不被植物吸收的碳酸锌，只能叶面进行补锌。

2. 水分管理

薄壳山核桃结果树需水量大，果实发育的每个阶段都需要水分（表 6-4）。水分是结果树产量及品质的保证。结果树在雌雄花发育至果实膨大硬壳期这段时间（4—8 月），如果缺水，将导致果实偏小。在果实灌浆期（8—9 月）水分不足，将导致果仁不饱满。而在果实发育末期水分不足，将导致外果皮不开裂。薄壳山核桃耐一定的涝害，但遇持续雨水时，也需及时排灌，否则会严重影响薄壳山核桃的生长发育。

表 6-4　结果树需水关键时期

需水时期	需水时间	灌溉目的
雌雄花发育期	4 月中旬至 5 月中下旬	确保雌雄花发育正常
果实膨大期	6 月下旬至 8 月上旬	增加果实大小
果实灌浆期	8 中旬至 9 月中旬	确保果实饱满度
果实成熟期	9 月下旬至 10 月下旬	促使外果皮开裂
休眠期	11 月下旬至 12 月土壤封冻前	避免根系受害，枝条干枯

四、整形修剪

薄壳山核桃结果树整形修剪的目的主要是改善通风透光情况。可以通过疏除死亡、濒临死亡、没有利用价值的树枝，将树体结构改造合理，确保大而繁茂的树冠是丰产的基础。

成龄薄壳山核桃修剪主要包括 3 个方面：一是落头控树高。进入结果期树高可达 10 m 以上，为降低郁闭度，可落头开心，使树的高度控制在行距的 80%。二是回缩减冠幅。薄壳山核桃个体之间枝条交叉郁闭后，对产量长势影响很大。适度短截，回缩骨干枝和结果枝组，控制树冠的横向扩展，将果园整体树冠覆盖率控制在低于 80%，可有效解决通风透光的问题（图 6-21）。三是疏除增光效。为提高内膛通风透光率，疏除病虫枝和部分细弱枝、过密枝、重叠枝，可采取分年逐步的方式进行疏剪。

图 6-21　回缩减冠幅

五、促花坐果

1. 人工授粉

实施人工授粉是提升薄壳山核桃坐果率的重要科学手段。当薄壳山核桃树柱头呈现“八”形或柱头分泌大量黏液时为其最佳授粉期。授粉一般选在微风的晴天，时间以 9—11 时或 15—17 时为宜。

2. 树干造伤

可对生长旺盛但不结果或结果少的薄壳山核桃的主干进行刻伤以促进其早果和丰产。

3. 喷硼

花期叶面喷施 0.2%～0.3%含硼溶液，可以提高坐果率。

第四节 影响产量的主要因子

一、薄壳山核桃产量特征

薄壳山核桃的产量是反映一个品种丰产性能和经济效益的重要指标。成龄的薄壳山核桃单株产量可达 50 kg。但是，规模化种植时的亩产并不是简单的单株产量和亩种植颗数之间的乘积，因树体之间存在相互竞争，相互影响。科学合理的种植能够保证亩产在 75～100 kg 之间。了解和掌握影响产量的因子，可以最大化地发挥薄壳山核桃的产量潜力。通过创造有利于薄壳山核桃生长的最佳因子，可有望实现单位面积亩产的突破。

二、影响产量的主要因素

1. 气候

气候是决定产量的关键因子。果用薄壳山核桃有其适生区，纬度过高，无霜期短且易受冻害；纬度过低，冷量不足，花芽分化受影响。降雨过多，病虫害严重，授粉也可能受到影响；降雨过少，干旱胁迫可导致薄壳山核桃死亡。成龄的结果树年均蒸腾量在 1 000～1 300 mm，需水量不少于 10 m^3。降水不足时，需要人为灌溉补水。理论上薄壳山核桃果园每周都需要灌溉，最多不能超过 21 d 没有水资源。

2. 土壤

薄壳山核桃为高大乔木，要求土层要深，排水要好，富含氧气和营养。土层过浅，树体易倒伏、长势差、发育不良。

3. 品种

因薄壳山核桃品种很多，各品种的生态要求又有一定的差异。因此，人们应根据当地气候条件，正确选择品种，这是实现高产稳产的关键。‘德西拉布’‘切尼’‘波尼’‘福克特’‘卡多’‘奥康尼’‘金华’抗病性较强；‘威奇塔’适宜在在空气湿度低的条件下生长；‘科尔比’‘波尼’属于早熟品种。在实际种植过程中可采用以一种优良品种为主，按比例配置另外 2～3 个品种混栽。

4. 株行距

株行距是影响薄壳山核桃产量的一个重要因素。株行距过密时，将导致结果平面化，严重影响产量。当树体之间出现交叉时，需要进行间伐。

5. 营养元素

氮是薄壳山核桃生长所必需的元素，氮素缺乏的主要症状是叶片黄化，可直接影响植物体的光合作用。幼龄树要少量、勤施氮肥，从而满足其生长的需求。锌可以使薄壳山核桃茎秆生长和叶片伸展，缺乏时引起叶片黄化及叶边缘卷曲。薄壳山核桃对镍元素有一定的需求，缺乏时会引起鼠耳病。

6. 病虫害

有些病虫害对产量的影响是非常巨大的，如疮痂病、黑斑病、天牛、桃蛀螟、木蠹蛾等。在美国得克萨斯州，雨季过后必须喷洒杀菌剂才能减缓疮痂病的发生。

7. 人为因素

科学合理的抚育管理是保证丰产的重要因子。不合理的抚育可导致产量受到影响，如除草剂使用不当可导致叶片簇生、变窄、植株体生长缓慢（图6-22）；幼树秋季追施氮肥导致树体易受冻害；不及时排水，如遇上高温，导致叶片枯萎；7、8月份持续阴雨，在蒸腾作用受到严重影响的情况下，若没有及时改善土壤透气性，将导致果实外果皮纵向开裂（图6-23）；在果实迅速膨大期的8月份，长期干旱，不及时均匀补水时，如遇暴雨，也将导致果实外果皮纵向开裂；不及时消杀桃蛀螟时，将导致果实发育受阻。

图6-22　除草剂危害导致叶片变窄

图 6-23　长期干旱后突遇降雨导致外果皮开裂

第五节 薄壳山核桃复合经营模式

一、复合经营原则

薄壳山核桃未进入投产前，几乎无效益，农林复合经营可充分利用林间空地。科学合理的立体种养，既能有效利用空间、土地和光照，提高单位面积上的产值，又能通过中耕、施肥、除草替代幼林抚育，改良土壤，最终达到增产、增效双丰收的目的。

复合经营对于薄壳山核桃的株行距和树形有一定的要求。薄壳山核桃宜稀植，可采取小株距大行距的计划密植方式，方便间种作物的机械化操作。对树形的要求主要是定干高度，宜培养高干，既有利于间种植物的生长，也可避免机械化操作时对枝条的损伤。

复合经营对象的选择应选择矮秆、生育期短、耐阴、适宜机械化生产的植物，如豆类、花生、白三叶、黑麦草，间作植物应与薄壳山核桃保持足够的距离，留足树盘，保证树体的正常生长；间种牧草后，可养殖一些畜禽，如鹅、羊、牛。此外，无论选择哪种复合经营对象，均应重点考虑是否符合市场需求，当地是否有相应的下游产业以保证销路，若没有，间种粮食作物是最为保险的复合经营模式。

二、主要复合经营模式

1. 薄壳山核桃+粮食（经济）作物

薄壳山核桃林间套种粮食（经济）作物（图6-24至图6-27）是经济效益比较稳定的复合经营模式，一般视薄壳山核桃幼树大小和生长情况而适度间种。苏皖两省不少果园行间套种小麦。小麦已经实现周年生产的机械化，人工成本低，间种时应离薄壳山核桃有足够的距离。薄壳山核桃林间套种冬油菜也是不错的选择。薄壳山核桃果实采收后开始种植油菜，来年油菜开花时而薄壳山核桃还未展叶，对油菜产量影响较小。

图6-24　薄壳山核桃+小麦

图 6-25　薄壳山核桃+油菜

图 6-26　薄壳山核桃+水稻

图 6-27 薄壳山核桃+大豆

2. 薄壳山核桃+药用植物套作

薄壳山核桃幼林中可以套种中药材植物，如白及（图6-28）、金银花、黄连、天麻等，可以增加早期经济收入，弥补薄壳山核桃前期有投入无产出的不足。待果园成龄时，林间可以搭建大棚种植铁皮石斛。药用植物价格易受市场波动影响，且种植投资大，该套种模式宜确保有较好的销路。

图 6-28 薄壳山核桃+白及

3. 薄壳山核桃+观赏植物

薄壳山核桃林间套种观赏植物的方式难以带来直接的经济效益，该模式比较适宜结合生态旅游、乡村旅游产业发展来进行。例如，薄壳山核桃成龄园可套种耐阴的石蒜属观赏植物（图6-29）。石蒜属植物在冬季和早春生长发育、秋季开花，不仅可以减少杂草的发生，还可以为果园增加美的色彩。特别是9月份石蒜花开时，结合早熟薄壳山核桃品种的采摘，可以带来一定的经济效益。石蒜的栽培空间为0.2 m×0.2 m，每平方米栽培25株。栽培环境种植深度不宜太深，以鳞茎顶刚埋入土面为好。要求排水良好的偏酸性沙质土或疏松的培养土，栽植时施适量的基肥，栽培后浇透水。营养生长期要经常灌水，保持土壤湿润，但不能积水，以防鳞茎腐烂。开花前20 d至开花期宜供给适量水分，以达到开花整齐一致、花期延长的目的。

图6-29　薄壳山核桃+石蒜

4. 薄壳山核桃+茶

江苏产茶历史悠久，全省宜茶丘陵山区面积的比例为14.3%，茶园总面积约3.4万hm^2。单一的纯林经营模式导致茶园土壤酸化较为严重，影响了茶叶的产量和品质。夏季也常因光照过强和直射时间太长，导致茶树生长受到抑制甚至被灼伤。全日照还会刺激茶树生殖生长，导致多花早衰。茶园内间植林木，对改善光照、温度、湿度、土壤性状和茶树的生育以及茶叶品质均有突出作用。在现有的茶园中套种薄壳山核桃，茶林复合（图 6-30），成林后，薄壳山核桃林网的边缘效应可提高光能利用率，改善茶树的生长环境，茶园产量可得到提高。这种栽培模式也会显著促进薄壳山核桃树的生长，是一种“果茶共荣”的复合型“双经济林”高效栽培模式。薄壳山核桃成年树还可用于绿化，实现生态、经济、社会三大效益的同步高效增加。在茶叶产业产能过剩的当下，薄壳山核桃和茶叶“茶—林”复合栽培模式是江苏丘陵地区茶产业转型的一个很好的出路。该模式下，薄壳山核桃的栽植不宜过密，株行距可为 10 m×10 m。

图 6-30　薄壳山核桃+茶

5. 薄壳山核桃果园+薄壳山核桃苗木

薄壳山核桃幼林中可以间种薄壳山核桃良种幼苗（图 6-31）。该模式适宜于从事薄壳山核桃良种扩繁的单位采用。5 月份前将薄壳山核桃行间的土地整成台高 0.25 m 的苗床，选择均一、生长健壮的薄壳山核桃容器苗移栽到苗床上，移栽后定期进行施肥、排灌和病虫害管理。

图 6-31　薄壳山核桃+苗木

6. 薄壳山核桃+养殖

薄壳山核桃林下养殖可在短期内见效益，是以短养长的经营方式。例如林下放养鹅，相比于传统的舍养鹅模式，不仅可以节省大量饲料，而且鹅的体质好、肉品优，脂肪层适中，价格也较高。鹅是耗粮较少的一种畜禽，以吃草为主，耐粗饲，对青粗饲料消化能力强，许多野生和人工栽培的草类都是鹅采食对象。鹅清除杂草的效率惊人，300 只鹅可以使面积达 100 亩果园的杂草难以形成旺势，享有“除草机”的美誉。因而，不需要除草机械和人力投入就可轻松实现杂草防除。鹅的排泄物也可作为有机肥，翻耕入土后可为薄壳山核桃所吸收利用。

7. 薄壳山核桃+食用菌

薄壳山核桃林下套种食用菌既能以短养长，提高土地利用率，又能降低种菌成本，提高经济效益。薄壳山核桃枝叶庞大，可以为食用菌提供良好的遮阳环境。食用菌在菌丝生长过程中会产生很多种酶，在酶的作用下，菌糠会产生一系列的生化反应，变成养分较高的有机肥料，使土壤肥力大大增加。在薄壳山核桃的原产地美国，松露是薄壳山核桃果园中天然存在的一种美味的食用菌。市场上松露的价格在 400～1 000 元/kg，是经济价值极高的一种食用菌。它附着在薄壳山核桃根系上，吸取根系中的氮磷元素合成自身的糖类物质。可以在薄壳山核桃林下进行仿生种植，但其栽培技术含量较高。种植者可以在薄壳山核桃林下套种栽培技术相对成熟的羊肚菌、大球盖菇、平菇等。

第七章 薄壳山核桃人工林建设及园林绿化技术

森林是陆地生态系统的主体和重要的自然资源，在改善环境、促进可持续发展中的作用得到广泛认同。大力发展林业，提升森林的生态、社会、经济效益已成为人类文明进步的必然选择。林业作为生态文明建设的主阵地，是构建美好家园的核心元素。薄壳山核桃除作果园经营外，还可以作为用材林、防护林、城乡园林绿化树种。薄壳山核桃在我国经过近百年的引种推广，已广泛分布于我国多个省份，并在多个地区表现出良好的适应性。作为一种林果兼用的树种，薄壳山核桃不仅产出美味可口、营养丰富的坚果，其材质也非常优良，用途广泛，同时还具有美化环境的生态效益，被世界公认为经济价值很高的优良树种。

第一节 薄壳山核桃人工林建设

一、薄壳山核桃作为造林树种的优势

1. 适应性强，分布广泛

薄壳山核桃适应性强，分布范围广，原产地的分布范围在北纬 16°～42°，其正常生长所要求的无霜期为 140～280 d，大于 10 ℃的年积温 3 300～5 400 ℃，对寒冷量的要求为 7.2 ℃及以下低温至少 100 h。薄壳山核桃北方品种能耐－29 ℃的低温，南方品种能耐－18 ℃的低温。薄壳山核桃的生长和发育需要充足的水分，具有较强的抗涝能力，可以种植于沟边、河堤等地，同时它还具有一定的抗盐碱能力，可生长于沿海滩涂地区。薄壳山核桃目前在我国的种植范围在北纬 24°～40°，包括江苏、浙江、云南、江西、河南、山东等地。以材用、绿化为目的的经营方式，其栽植范围较广，南至广西，北至陕西。

2. 生态效益显著

森林是陆地生态系统的主体，是自然界功能最完备的资源库、蓄水库、碳储存库和能源库。森林在固碳释氧、涵养水源、保育土壤、净化环境、森林防护、森林游憩和森林生物多样性保护等方面具有不可替代的作用。目前，我国大部分地区森林覆盖率低，环境质量差，需要大面积植树造林以改善环境。薄壳山核桃生长迅速，成林快，枝繁叶茂，其巨大的根系具有涵养水源、保持土壤的作用，有助于改善土壤环境。薄壳山核桃的光合作用可降低空气二氧化碳含量，提高氧气含量；薄壳山核桃繁茂的枝叶可吸收空气中的有害气体，阻滞降尘并减弱噪音，其高大的树体具有防风减灾的作用。

3. 材质优良，用途广泛

薄壳山核桃属中等速生树种，可以较早实现成林，其树体高度可达 45 m，胸径 0.6～1.2 m。木材纹理细腻，质地坚韧，是建筑、军工、室内装饰和制作高档家具的理想材料。材质坚韧，纹理美观，木材密度为 735 kg/m^3，詹氏硬度为 1 820 lbf，接近梨木（1 980 lbf）。虽然薄壳山核桃的强度略低于山核桃属的其他一些树种，但它仍然是硬度和强度最好的树种之一，因此经常被用于对强度和抗冲击能力要求比较高的行业，如建筑和军工领域。市面上通常将核桃属和山核桃属植物的木材统称为核桃木，薄壳山核桃的木材就是核桃木的一种。

薄壳山核桃心材一般是轻度到中度的棕色，同时带有一点微红的色调，边材一般是暗黄棕色。其纹理通常是直的，偶尔出现波浪形，质地中等，有比较浅的自然光泽。木材的黏合、染色和抛光性能比较好，同时易于蒸汽弯曲，适合制作装饰品和高档家具，如地板、桌椅橱柜等。薄壳山核桃的木材热能含量也很高，因此在美国也经常被用作壁炉的薪材，另外，它还被用作烹调肉类的木炭，因为它产生的烟会给予食物一定的风味。我国薄壳山核桃种植时间短，数量有限，木材市场还未形成。它在美国通常与山核桃属的其他树种的木材混合买卖，价格属中等范围，与红橡木和软枫木的价格相当。

4. 林果兼用

薄壳山核桃的果实营养丰富，含油量高，是世界上最重要的坚果之一。在原产地，薄壳山核桃曾经是当地原住民的重要食物来源。薄壳山核桃一经挂果，可连续多年保持一定的产量，是不可多得的林果兼用树种，同时其果仁富含油脂，是很有潜力的木本油料作物，在大面积造林的同时可为我国的食用油提供新的稳定来源。

二、薄壳山核桃人工林建设方式

1. 用材林建设

薄壳山核桃生长迅速，材质优良，坚果经济价值高，适合用于大面积用材林建设（图 7-1）。该树种适应性强，对生长环境要求低，可用于平原地区的植树造林、荒山和丘陵岗地的森林植被修复以及沿海滩涂造林，一方面能提高森林覆盖率，增加森林资源的储藏量，也为日后提供大量的优质木材。

图 7-1　用材林建设

2. 沿海防护林建设

我国海岸线长，沿海区域广，常年遭受剧烈的海风和台风侵害，造成巨大的经济损失。沿海

防护林体系具有防风固沙、保持水土、涵养水源的功能，对于沿海地区防灾、减灾和维护生态平衡起着独特而不可替代的作用。薄壳山核桃适宜生长于水源丰富的环境，并具有一定的耐盐碱能力，其树体高大，枝叶繁茂，可有效减弱风力，非常适合于沿海防护林的建设。

3. 沿江、河、湖防护林建设

我国江、河、湖泊众多，特别是南方地区各种类型的水域面积广大，沿岸环境类型多样，加强沿岸的护岸林建设是保证水体环境质量的重要措施。在江、河、湖泊沿岸种植护岸林可以起到以水养林和以林涵水的作用。水体沿岸的土壤环境含水量充足，适合对水分要求较高的树种生长，而树木发达的根系又具有固定土壤、涵养水源的作用。薄壳山核桃喜欢湿润的土壤环境，尤其在江、河、湖泊沿岸的环境中生长茂盛。同时薄壳山核桃具有较高的景观价值，在水体沿岸种植可打造生态高效、景观优美的绿化风光带。

4. 丘陵岗地植被改造

我国南方地区分布着大面积的丘陵岗地，由于森林砍伐和矿物开采导致部分地区植被遭到严重破坏，造成水土流失，环境恶化，急需进行植被改造。薄壳山核桃适应性强，对环境要求低，种植和管理简单，易成林。此外，其坚果经济价值高，也可为当地农民带来可观的收益，在改造丘陵岗地植被，提高森林覆盖率的同时也推动了当地经济的发展。

第二节 薄壳山核桃园林绿化技术

一、薄壳山核桃的观赏特点

薄壳山核桃新叶嫩绿，被柔毛，成熟叶片深绿，奇数羽状复叶，枝叶浓密，株型紧凑，主干分明，分枝较多，树形美观，树姿挺拔，姿态雄伟，在园林中可作为上层骨干树种。

薄壳山核桃的树皮为灰黑色，嫩枝有黄褐色茸毛，具稀疏皮孔，大树树干苍健，树皮具有较深的条状开裂，给人一种古老质朴的美感。叶片边缘有整齐锯齿，基部呈歪斜阔楔形或近圆形，顶端渐尖，完全展开后树叶呈镰刀形，美丽而荫浓，具有很好的遮阴效果，同时对灰尘及有害气体有一定的抗性。

薄壳山核桃雌雄花序各异，雄性葇荑花序 3 条 1 束，长 8～14 cm，自上年生小枝顶端或当年生小枝基部的叶痕腋内生出。雌性穗状花序直立，花序轴密被柔毛，具 3～10 朵雌花。雌花子房长卵形。花叶共生。一条条倒挂的花序犹如一串串绿色的项链，具有特殊的观赏价值。果实长椭圆形，长 3～7 cm，直径 2.2 cm 左右，2～4 个聚生，有 4 条纵棱，外果皮 4 瓣裂，革质，坚果外壳薄而光滑，挂果期长，果形奇特。

二、薄壳山核桃作为绿化树种的优势

优良的园林绿化树种应具有观赏、遮阳、防尘、隔音、净化空气和保持水土等诸多功能。一是

观赏特性，春华秋色、冬姿夏荫、干挺枝秀、花艳果美、冠整形优、景观持久。二是生物学特性，耐瘠抗逆、防污耐损、强健长寿、萌芽率强、耐修剪、枝叶稠密、生长迅速、适应性强、病虫害少、易于管理、抗烟尘污染、对人畜无害。优良的园林树种应该能够被广泛地应用于行道树、庭荫树、园景种植、绿篱或高篱、地被和盆栽等方面，还应当具有相当高的经济价值和社会价值。

1. 优良的观赏特性

薄壳山核桃有一定的园林观赏价值，可观树形、树姿、树干、叶片、花序及果实（图7-2）。

图7-2　薄壳山核桃观赏价值

2. 较高的经济价值

薄壳山核桃为世界著名的油料树种和材果兼用优良树种。其坚果壳薄易剥，核仁肥厚，脂肪含量高，味香甜，为干果食用及榨油的原料。此外，薄壳山核桃还是用途广泛的良好木材，其材质优良，可为种植者带来丰厚的收益。

3. 适应性强，适应范围广

薄壳山核桃原产于美国和墨西哥北部。通过近 100 年来的引种和栽培实践，我国原有大多数引种地的纬度、地形地貌、气候和土壤等地理生态环境条件均能较好地满足其生长发育的要求。

4. 园林用途广泛

薄壳山核桃树干通直，高大雄伟，可用作行道树、庭荫树和公园绿化；其耐水湿且具深根性，适合河流沿岸、湖泊周围及平原地区栽植；生长速度快，适应性强，可作为珍贵的用材树种用于林相改造、茶园套种等。

三、园林绿化形式

1. 应用方式

（1）公园、居住区、学校等附属绿地建设 薄壳山核桃生命周期长达 100 年，病虫害少，树体高大挺直，树形美观，结果期果实和叶片相映成趣，是庭院美化和城市绿化的优良树种。选用薄壳山核桃作为落叶树种中的骨干背景树种与常绿阔叶乔木相互映衬，既丰富了园林空间的景观层次，又增加了观赏植物的种类及彩叶树种的绚丽色彩。绿化时若与海棠、黄栌、樱花等具有一定特色的树种搭配栽植，则会展现出壮丽的自然景色。

（2）道路绿化 通常选用干径 3～5 cm、生长健壮、树冠整齐、分枝点高的薄壳山核桃列植在道路两侧（图 7-3）。作为行道树，气势壮观，绿化和美化效果较佳。在其下层配置常绿灌木，适当点缀一些花灌木，随着季节的变化，能够营造一年四季不同的景观效果。

（3）四旁绿化 薄壳山核桃冠大荫浓，夏季遮阴，冬季不会影响光照，耐水湿，适应能力强，而且又具有很高的经济价值，因此是非常优良的四旁绿化树种。在房前屋后可孤植（图 7-4），也可丛植或列植，但密度不宜过大，再搭配种植花灌木、宿根花卉和草坪草，进一步丰富高低层次和四季景观效果。

（4）沟渠绿化 薄壳山核桃喜水湿的环境条件，在邻近水源的环境中生长状况较好，因此特别适合种植于沟渠岸边。选择树势较强的薄壳山核桃品种或实生苗列植于沟渠两岸，再配以耐阴湿的灌木，一方面绿化了沟渠环境，同时其强大的根系也固定了河岸的土壤，并为生活于岸边的鸟类提供了栖息之地，形成一种自然和谐的景观。

图 7-3　道路绿化

图 7-4　宅旁绿化

2. 种植形式

薄壳山核桃可作为行道树、风景树和四旁绿化树配置，其种植形式有以下几种。

(1) 孤植　孤植于园林绿地的重要位置，如空旷地、草坪上、庭院中、建筑前，也可孤植于池畔、水边、广场、山坡或桥头（图 7-5），视觉上有一定的吸引力。

图 7-5　孤植

(2) 对植　在园林绿地出入口、桥头、建筑出入口等地对称栽植两株薄壳山核桃，可起到对景或突出主景的作用。

(3) 列植　将薄壳山核桃列植于道路两侧的人行道上、隔离带中或草坪上（图 7-6），不仅可以降低噪音、遮阴滞尘，还可以形成美丽的风景线，在建筑前也能起到突出主景的作用。此外，还可列植于池畔、水边、坡地边缘等处，起到美观的作用。

(4) 丛植　挑选在遮阴、树姿、色彩等方面有特殊价值的薄壳山核桃作树丛，可分为单纯树丛及混交树丛 2 类，除此之外也可作主景用、诱导用、配景用。用作遮阴时，采用单纯的薄壳山核桃树丛形式，不用灌木或少用灌木配植；而作主景、诱导与配景用时，则采用薄壳山核桃和其他乔木混交的树丛形式。

(5) 群植　主要用于营造薄壳山核桃园或林（园）相改造中（图 7-7），通过大面积栽植薄壳山核桃，可营造出较大气势的园林景观，能形成开阔景象，富有感观震撼力。秋季丰硕的果实和叶子交相辉映，呈现出一幅美丽的秋收景观。

图 7-6　列植

图 7-7　群植

第三节 实生树移栽养护关键技术

一、实生树在造林绿化中的优势

1. 树干通直、树形优美

薄壳山核桃嫁接苗的接穗多来源于已具备花芽分化能力的结果母树，花芽较多，通常经过5年左右开始进入生殖生长。实生树有长达10年的童期，营养生长时间较长，树体较嫁接苗高大。嫁接苗顶芽和其附近的2～3个芽一般均能形成枝条，不进行人工干预时很难形成中心干明显的树形。实生树顶端优势强，分枝少，中心干明显，生长较直立，树干通直，树形优美（图7-8）。

图7-8 实生树干性强

2. 有效材积高

得益于其固有的中心干明显、生长直立、树势旺、树体高大特性，薄壳山核桃实生树有效材积通常较嫁接苗高。

3. 抗性强

优良品种苗的果实商品性状通常较实生苗优，表现为果实大、果壳薄、出仁率高，但往往难以兼顾其抗性。总体而言，实生树抗逆性优于良种无性系，使用在缺乏人工养护的用材林、防护林方面具有一定的优势。

二、实生树移栽养护关键要点

1. 确保移栽苗质量

薄壳山核桃实生树较嫁接树的移栽成活率低，因此无论是一年生的幼苗，还是多年生大树，均宜带土球移栽。土球大小为胸径的 8～10 倍，厚度不小于土球直径的 1/3，土球底部呈锅底状。苗木在移栽过程中，不可避免地会破坏苗木的根系，打破苗木的根冠平衡。移栽后的苗木需适当进行修剪，疏除过密枝、重叠枝，回缩部分营养枝，主要目的在于减少对水分和养分的需求或消耗，避免因养分或水分供不应求而生理干旱死亡。

2. 加强水分管理

不同于常见的园林绿化树种，薄壳山核桃实生树移栽不易成活。移植苗由于根系受损，吸收水分的能力下降。薄壳山核桃喜水，水分供应是否充分、合理、及时，是树木能否成活的关键。移栽后的第一个生长季，需加强水分管理。树木定植后，浇足浇透定根水。综合天气、土壤墒情，合理安排根系浇灌频率，特别在高温干旱时更要注意浇水，始终保持土壤最大持水量为60%以上。冬季于土壤封冻前灌溉封冻水。

3. 注重蛀干性害虫防治

薄壳山核桃用作造林绿化树种时，需要注重防治致命性的蛀干性害虫，主要是天牛，防治时可种植引诱树、悬挂引诱剂。引诱剂诱杀是根据部分天牛成虫具有趋糖醋性，人工配制糖醋酒液（糖：醋：酒＝1.0：0.5：1.5），并添加杀虫剂进行诱杀。

第八章 薄壳山核桃主要病虫害及其防治

病虫害不仅造成薄壳山核桃产量的减少和坚果品质的下降，而且影响木材质量，严重制约栽培产业的发展。了解病虫害发生规律和生活习性，正确掌握防治措施，对提高薄壳山核桃产量和质量具有十分重要的意义。

第一节 病虫害防治策略

一、林业病虫害发生原因

病虫害的发生、发展、蔓延成灾都是在一定的条件下，寄主、病原菌、环境三者互相作用的结果。在一个稳定的林业生态体系中，如果环境条件有利于林木的生长发育，不利于病原菌的滋生发展，那么病原菌即使存在，也不会蔓延成灾。相反，如果森林的环境有利于病原菌的大量繁殖，那么病虫害就会扩大发展成为灾害。

二、病虫害防治策略

1. 提高对薄壳山核桃病虫害的重视程度

通常，病虫害尚未发生时，防治工作往往未得到足够重视，等到病虫害爆发时，常常为时已晚，即便马上进行防治，收效也甚微。因此，无论是何种病虫害，都应秉承“预防为主，防治结合”的原则。例如，做好冬季树体涂白、清园、喷施免疫性和保护性药剂（如石硫合剂、百菌清、波尔多液等）等工作，可有效减少来年病原菌孢子数量和害虫虫口密度，进而减轻病虫害发生程度。

2. 进一步开展病虫害基础研究

在不同地域，病虫害发生发展的时间往往有差异，因此只有掌握不同地域病虫害的发生规律、生活史等基础知识，对不同地域的病虫害做到具体问题具体分析，才能做到有效防治。例如：根据病原菌的生理特性，破坏其生长条件，及时抑制病原菌的繁殖扩散；对不同虫态的害虫采取不同措施，并针对虫害高峰期和关键期采用具体的防治方法。

3. 重视调查研究，做好病虫害预测预报工作

对薄壳山核桃果园开展病虫害普查，统计不同病虫害对不同薄壳山核桃品种的危害状况，并进行感病程度分级，对之后的病虫害发生发展趋势及时预报；摸清不同时期病虫害发生发展趋势；针对危害程度大的病虫害定时监测，及时防治，并积极研究有效的生物防治措施或绿色低毒高效的化学措施，提前制订预防和防治方案，针对来年病虫害的再次发生做好及时预测、预报，尽量把病虫害造成的经济损失降到最低。

4. 抗性育种

在选育薄壳山核桃优良品种上，不但要注重其产量及果实品质等性状，而且还要注重其抗病特性，从源头上培育抗性品种是防控病虫害最经济、安全、环保、有效的一种方法。

5. 预防为主，综合治理

通过加强田间管理，降低果园郁闭度，保持良好的通风透光条件，从而增强薄壳山核桃树势，提高其对病虫害的自控能力，最大限度地保持林地的生态平衡；防治工作应以生物防治为主，在有条件的地方，应开展薄壳山核桃主要虫害天敌种类资源的调查，以期更好地加以保护和利用；同时加强研究物理防治方法和绿色低毒高效的化学防治方法，减少环境污染。

第二节 薄壳山核桃主要虫害及其防治

一、主要虫害统计

据不完全统计，危害薄壳山核桃的昆虫主要分属于鳞翅目、鞘翅目和半翅目，以食叶害虫种类最丰富，蛀干害虫次之，其他为刺吸类、种实害虫和地下害虫（表 8-1）。

表 8-1 薄壳山核桃害虫名录及危害程度

目	科	种	拉丁名	危害程度
鳞翅目	天蚕蛾科	水青蛾	*Actias selene*	+
	夜蛾科	小地老虎	*Agrotis ypsilon*	+
		裳夜蛾属	*Catocala* spp.	+
	拟木蠹蛾科	荔枝拟木蠹蛾	*Arbla dea*	+
	蓑蛾科	大蓑蛾	*Clania variegata* Snellen	+
	刺蛾科	黄刺蛾	*Cnidocampa flavescens*	+++
		褐边绿刺蛾	*Latoia consocia*	+
		白刺蛾	*Narosa hilarata*	+
		双齿绿刺蛾	*Parasa hilarata*	+++
		褐刺蛾	*Setora postornata*	++
		扁刺蛾	*Thosea sinensis*	+
	鞘蛾科	鞘蛾	*Coleophora* spp.	+
	螟蛾科	桃蛀螟	*Conogethes punctiferalis*	+
		三化螟	*Tryporyza incertulas*	+
	木蠹蛾科	芳香木蠹蛾	*Cossus cossus*	+
	尺蛾科	核桃木橑尺蠖	*Culculapanterinaria*	+
	卷蛾科	胡桃小卷蛾	*Cydia caryana*	+
		山核桃小卷叶蛾	*Gretchena bolliana*	+

（续表）

目	科	种	拉丁名	危害程度
鳞翅目	灯蛾科	美国白蛾	*Hyphantria cunea*	+
	潜蛾科	核桃潜叶蛾	*Lyonetia clerkella*	+
	舟蛾科	山核桃天社蛾	*Quadrialcarifera cyanea*	+
		核桃美舟蛾	*Uropyia meticulodina*	+
	透翅蛾科	山胡桃透翅蛾	*sphecodoptera sheni*	+++
	豹蠹蛾科	六星黑点豹蠹蛾	*Zeuzera leuconotum*	+
直翅目	斑腿蝗科	绿腿腹露蝗	*Fruhstorferiola viridifemorata*	+
鞘翅目	金龟科	铜绿丽金龟	*Anomala corpulenta*	+
	天牛科	星天牛	*Anoplophora chinensis*	+++
		光肩星天牛	*Anoplophora glabripennis*	+
		旋枝天牛	*Aphrodisium sauteri*	+
		桑天牛	*Apriona germari*	+
		云斑天牛	*Batocera horsfieldi*	++
		薄翅锯天牛	*Megopis sinica*	++
	吉丁虫科	吉丁虫	*Agrilus* spp.	+
	象甲科	锥胸象属	*Conotrachelus* spp.	+
		山核桃象甲	*Curculio caryae*	+
		核桃横沟象	*Dyscerus juglans*	++
	叶甲科	核桃叶甲	*Gastmlina depressa*	+
	小蠹科	小蠹虫	Scolytidae	++
半翅目	蚜科	山核桃刻蚜	*Carya cathayensis*	+
		黑蚜	*Monellia caryaefoliae*	++
		黄蚜	*Caryella* spp.	+
	沫蝉科	沫蝉	*Clastoptera obtusa*	+
	绒蚧科	山核桃绒蚧	*Eriococcus* spp.	+
	蝽科	麻皮蝽	*Erthesina fullo*	+
		茶翅蝽	*Halyomorpha Picus*	++
		稻绿蝽	*Nezara viridula*	+
	蚧科	枣大球蚧	*Eulecanium gigantean*	+
		槐花球蚧	*E. Kuwanai*	+
	缘蝽科	叶足缘蝽	*Leptoglossus phyllopus*	+
	叶蝉科	绿片头叶蝉	*Petalocephala chlorocephlala*	+

（续表）

目	科	种	拉丁名	危害程度
半翅目	根瘤蚜科	警根瘤蚜	*Plloxera notabilis*	+++
		葡萄根瘤蚜	*Phylloxera* spp.	+
	斑蚜科	长斑蚜属	*Tinocallis caryaefoliae*	+
膜翅目	蚁科	黑蚂蚁	*Formica* spp.	+
蜱螨目	叶蜂科	叶蜂	*Tenthredo* spp.	+
	叶螨科	红蜘蛛	*Tetranychus cinnbarinus*	++

注：+表示轻度危害；++表示中度危害；+++表示重度危害。

二、鳞翅目害虫

危害薄壳山核桃的鳞翅目害虫种类最多，有 15 个科。

1. 刺蛾类

刺蛾是鳞翅目刺蛾科昆虫，俗称洋辣子（图 8-1、图 8-2）。危害薄壳山核桃的刺蛾种类有黄刺蛾、褐刺蛾、双齿绿刺蛾 3 种，不同地区不同种群危害程度有差异。刺蛾幼虫啃食后的叶片呈网状，仅残留叶脉（图 8-3），进而影响树势。成虫寿命较短（雄成虫寿命一般 7 d，雌成虫寿命一般 4 d），对薄壳山核桃危害较小。刺蛾在苏皖地区为一年两代，幼虫在树干和树枝处结茧过冬，茧的外表有一层似树皮的保护色。

图 8-1　刺蛾虫茧

图 8-2 刺蛾幼虫

图 8-3 刺蛾危害状

防治方法

成虫具有趋光性，可利用黑光灯进行诱杀；刺蛾的低龄幼虫都为群集危害，可在幼虫聚集期剪除虫枝，或用敌百虫 800～1 000 倍液喷雾，或 25%亚胺硫磷乳油 600 倍液喷雾；冬季，其越冬茧在树皮及枝条上，可进行人工搜集消杀。

2. 木蠹蛾

木蠹蛾，为鳞翅目蠹蛾科昆虫，是一种蛀干性害虫，幼虫取食薄壳山核桃当年生枝条的木质部，破坏输导组织，严重影响植株对水分的运输。危害处常有褐色的虫粪和木屑，并有褐色液体流出，被蛀食的枝条容易被风折断（图 8-4）。受害植株树势衰弱，严重时可造成树体死亡。

图 8-4　木蠹蛾造成枝条易折断

防治方法

剪除虫枝，从初夏至秋季，及时剪除虫害枝条、风折枝条，消灭枝内幼虫；冬季结合清园，用刀刮掉主干中下部的老树皮进行涂白，对防治越冬幼虫有一定效果；在成虫活动盛期（通常在4—6月）设置黑光灯进行诱杀。6月上中旬幼虫孵化期，可施用啶虫脒、氰戊菊酯、50%杀螟松1 000倍液等药剂喷洒枝条，隔7 d喷1次，连喷2～3次。

3. 桃蛀螟

桃柱螟又称桃斑螟，为鳞翅目螟蛾科的昆虫，其幼虫危害薄壳山核桃果实（图8-5至图8-7）。该虫在果实和果柄上产卵，孵化后幼虫蛀入果内，蛀食外果皮产生孔道，果实外皮有蛀孔，蛀孔处会流出黄褐色透明胶汁，常与其排出的黑褐色粪便混在一起，形成黏附于果面的蛀屑。受危害的果实，其外果皮会失绿枯死，形成僵果，导致果实出仁率降低。通常单只幼虫就能够毁坏整簇坚果，对产量的损失影响较大。桃蛀螟幼虫老熟后在果内或果柄相接处结白茧化蛹，成虫羽化后转移到其他果树或农作物上继续危害。

图8-5　桃蛀螟幼虫

图 8-6　桃蛀螟幼虫危害状

图 8-7　桃蛀螟危害状（后期）

防治方法

在成虫产卵高峰期和幼虫蛀果危害期喷药，8 月下旬至 9 月上旬，每隔 10 d 喷药防治一次，交替使用 50% 杀螟松乳剂 1 000 倍液或苏云金杆菌乳剂（Bt）600 倍液，或 35% 赛丹乳油 2 500～3 000 倍液，或 2.5% 功夫乳油 3 000 倍液等农药，连续喷药 3 次；同时人工疏除受害果实果，集中销毁，以消灭果内的幼虫。

4. 透翅蛾

透翅蛾对薄壳山核桃的危害较大，其幼虫危害胸径在 15 cm 以上的大树主干中下部，在韧皮部与木质部之间蛀食成孔道（图 8-8、图 8-9）。受害植株树势衰弱，严重时可造成全树死亡。

图 8-8　透翅蛾幼虫危害状①

图 8-9 透翅蛾危害状②

防治措施

利用趋光性用灯光诱杀成虫；根据排粪孔判断幼虫位置剖茎灭虫；配合化学防治，在幼虫危害期可使用棉花小团蘸高氯·甲维盐或20%吡虫啉200倍液塞入虫孔，然后用泥浆或塑料薄膜密封进行防治。冬季结合清园，用刀刮去主干中下部的老树皮并涂白，对防治越冬幼虫有一定效果。

5. 其他鳞翅目害虫

个别薄壳山核桃植株出现钻心虫危害主干和侧枝，防治方法是及时剪除烧毁受害枝，掏净主干虫孔内虫粪后，用浸透敌百虫或敌敌畏的药棉堵塞。几乎在所有种植区域内均发现鞘蛾幼虫群居危害幼果，最有效的防治方法是及时喷洒杀虫剂，毒杀幼虫，避免其进入幼果。螟蛾科和卷蛾科幼虫钻蛀顶梢和果实，夜蛾科幼虫危害薄壳山核桃根部。

三、鞘翅目害虫

危害薄壳山核桃的鞘翅目害虫合计 6 个科，以天牛科种类最为丰富，其中云斑天牛、星天牛、薄翅锯天牛危害最为严重，小蠹科、象虫科危害次之。

1. 天牛

天牛是一种蛀干性害虫，对薄壳山核桃的危害极大，可导致成年大树死亡，危害率达 80% 以上（图 8-10 至图 8-14）。星天牛和薄翅锯天牛幼虫啃食根部根颈皮层，可致寄主死亡。天牛成虫活动盛期在 5 月下旬开始至 7 月下旬，主要啃食皮层。天牛成虫在 6—8 月产卵，卵期 7～10 d，卵孵化的幼虫在木质部和韧皮部之间活动，9 月份钻入木质部危害。天牛幼虫蛀食树的皮层和木质部，排出褐色粪便和粗木屑，树木受害后树势衰弱，甚至枯死。天牛危害甚为严重，需认真防治，经常防治，年年防治。

图 8-10　天牛成虫

图 8-11　天牛刻槽

图 8-12　天牛产卵于韧皮部与木质部间

图 8-13　天牛幼虫

图 8-14　天牛危害树干基部

防治方法

- **防治成虫** 5月下旬为天牛成虫出蛰盛期，成虫出蛰孔主要集中在树干基部50 cm以内。在出蛰盛期前，在天牛产卵刻槽上下方涂30 cm宽的药环，防治将要羽化出洞的天牛成虫，并用1%绿色威雷200倍药剂对树冠和主干进行均匀喷雾，毒杀已经出蛰的天牛成虫。6月中旬成虫产卵初期，用辛硫磷溴氰菊酯乳油、氯菊酯等喷布树干毒杀触爬成虫，防止其产卵。因天牛成虫并非源自薄壳山核桃，而主要来自杨、柳、桑树及构树上，所以可向虫源植物2 m以下的树干上喷施触杀性农药，且对距离虫源植物100 m范围内的果树或树苗进行重点防治。成虫发生期，也可利用成虫的假死性和趋光性，进行人工震落和黑光灯诱杀，或种植苦楝（*Melia azedarach*）、糖槭（*Acer saccharum*）、复叶槭（*Acer negundo*）等诱饵树诱杀。
- **防治卵和初孵幼虫** 6月下旬至7月下旬为产卵盛期和幼虫孵化蛀入树体期，成虫多产卵于树干基部（树干50 cm以下），此时可用溴氰菊酯、柴油等点涂刻槽，或用乙酰甲胺磷等药剂注入虫孔毒杀虫卵和初龄幼虫；也可人工检查树干基部，寻找产卵刻槽，直接用刀挖开被害处，或用锤敲击，杀死卵和初孵幼虫。
- **防治大龄幼虫** 7—8月为幼虫危害高峰期，且天牛幼虫主要蛀食树干基部，幼虫会将粪便排出危害部位，极易识别。如虫孔靠近地面，则幼虫很有可能已经蛀至地表之下的树干中，此时可用铁锹扒开树干周围土壤，用工具剥开受危害的树皮，找出所有的幼虫进行消杀；若虫孔离地面较远，此时可清除虫孔内虫粪和木屑，将15%吡虫啉微胶囊剂或敌敌畏（原液或稀释5～10倍）等药液注入虫孔，或向虫孔内放入磷化铝片剂、毒签、卫生球等熏杀幼虫，孔外用棉球或泥封闭进行防治。对于已被严重啃食且难以寻觅幼虫的树体，可在树干基部用打孔机与树干呈45°打孔，用瓶装氯氰菊酯插入孔中，让药液随茎流向上部毒杀幼虫。
- **加强果园管理** 合理建园，合理栽植，尽量创造有利于薄壳山核桃生长和天敌生存繁殖而不利于天牛发生的生态环境。加强水肥管理，以增强树体长势，提高树体抗虫性。加强树体管理，及时修剪病虫枝、细弱枝、交叉枝、过密枝及枯枝，使树冠间通风透光。对严重受害濒临死亡、已枯死的林木和枝条及早伐除，以减少林间的害虫密度。冬季或6—8月成虫产卵期实行树干涂白既能防止成虫产卵，又能杀死幼虫。
- **生物防治** 虫害发生期可采用嗜线虫杆菌（*Xenorhabdus nematophila*）、白僵菌（*Beauveria bassiana*）、灭幼脲3号悬浮剂等生物药剂防治天牛，并且在薄壳山核桃果园中释放肿腿蜂（*Sclerodermus* sp.）、花绒寄甲（*Dastarcus helophoroides*）、丽锥腹金小蜂（*Solinura ania*）、中华刀螂（*Tenodera sinensis*）和啄木鸟等寄生性和捕杀性天敌控制害虫。

2. 金龟子

金龟子，为鞘翅目金龟子科昆虫。其成虫通常在夜间活动，取食薄壳山核桃的叶片形成网状孔洞和缺刻（图8-15、图8-16）。金龟子幼虫，称为蛴螬，为地下性害虫，取食薄壳山核桃的根部（图8-17、图8-18）。在金龟子成虫活动的盛期（4—6月），如果防治不及时，其成虫孵化的下一代幼虫，会在当年危害薄壳山核桃根系。危害美国薄壳山核桃的金龟子主要是铜绿丽金龟。

图 8-15 金龟子成虫夜间取食叶片

图 8-16 金龟子成虫危害状

图 8-17　金龟子幼虫（蛴螬）

图 8-18　蛴螬危害根系

防治方法

利用其假死性，进行人工防治。于傍晚敲树震虫，树下用塑料布接虫集中消灭；其成虫具有趋光性，可利用黑光灯进行诱杀（图 8-19）；幼虫可滴灌毒死蜱乳油进行化学防治。

图 8-19 太阳能黑光灯诱杀金龟子

3. 叶甲

叶甲，也叫金花虫，属鞘翅目叶甲科。叶甲科的核桃叶甲成虫和幼虫群集危害叶片，将叶片啃食成网状或缺刻，导致受害叶片变黑或枯死，严重时可导致整株树叶被啃光，引起树势衰弱（图 8-20 至图 8-24）。该虫在 1 年可发生 2 代，第一代成虫约在 4 月中旬开始活动，5 月中下旬在薄壳山核桃叶片的背面产卵，6 月中旬第二代成虫羽化。

图 8-20 叶甲成虫

图 8-21 叶甲卵

图 8-22　叶甲幼虫

图 8-23　叶甲危害状①

图 8-24 叶甲危害状②

防治方法

在叶甲幼虫活动盛期（5 月中旬），可人工摘除有大量叶甲卵或幼虫的叶片，并消灭其卵和幼虫。也可利用低毒的溴氰菊酯对叶甲幼虫或成虫进行化学防治。

4. 其他害虫

吉丁虫是一种蛀干性害虫，其幼虫在枝干的皮层中螺旋状取食或蛀食 1 周，排出褐色的粪便和细木屑，流出褐色液体。树木受害后，树势很快衰弱，果实产量大减。枝条受害后叶片变黄，不能结果。每年 6—8 月是危害的高峰期，要经常检查树冠和树干下有无虫粪，若发现虫粪要及时找到虫孔防治，方法与防治木蠹蛾相同。

山核桃象鼻虫是在北美地区危害最严重的害虫，甲萘威是防治象鼻虫的主要杀虫剂，但是叶面喷洒会杀死天敌导致次要害虫的爆发，研究发现树干喷洒对天敌危害小。

四、半翅目害虫

危害薄壳山核桃的半翅目害虫合计 9 个科。

1. 警根瘤蚜

警根瘤蚜属叶瘿型瘤蚜，成虫有6个型，即干母、无翅雌蚜、短翅雌蚜（性母）、长翅雌蚜（迁飞雌蚜）、雌蚜和雄蚜。警根瘤蚜属同寄主全周期生活的蚜虫。苏皖地区越冬卵于4月上旬开始孵化，中旬进入孵化盛期，5月中旬孵化结束。对危害薄壳山核桃的瘤蚜进行观察发现，根瘤蚜科的警根瘤蚜是危害薄壳山核桃的最严重害虫之一，受害株率可达100%，严重时叶片上布满豆粒状虫瘿（图8-25），造成植株生长缓慢，产量下降。警根瘤蚜主要危害实生苗的叶片，而嫁接苗叶片的受害程度通常要小一些。警根瘤蚜的卵在树皮裂缝中越冬，在薄壳山核桃发芽时，卵孵化出若蚜，沿树干向上爬行，以新芽为食。随着叶芽的生长，若蚜产生一种物质刺激植物叶片产生虫瘿，若蚜在虫瘿中发育，随着叶片的生长，虫瘿迅速扩大成豆粒状，五月中旬，虫瘿背面出现黑色裂缝，发育成熟的蚜虫从裂缝爬出，继续危害叶片。瘤蚜的危害可引起叶片枯黄、早落，叶芽不能正常抽梢展叶，影响树木的生长、开花和果实产量，苗期危害较为严重。

图8-25　警根榴蚜导致叶片产生虫瘿

防治方法

在虫瘿刚形成时，喷洒内吸型杀虫剂，如2%的阿维菌素2 000倍液、6%吡虫啉可湿性粉剂等进行防治；成虫不能飞，移动性弱，可人工摘除带虫瘿的叶片，可避免周围树体遭受危害；利用天敌，如瓢虫、蜘蛛等进行生物防治。

2. 椿象和缘蝽

危害薄壳山核桃的椿象有稻绿椿象、黄斑椿象。椿象和缘蝽主要危害薄壳山核桃的果实，在果实硬壳期之前，椿象能够取食果实可导致落果，而在果实灌浆期，在椿象刺吸式口器采食处，果仁形成黑色斑点（图8-26），受害处果仁变得苦涩，严重影响果实的品质。

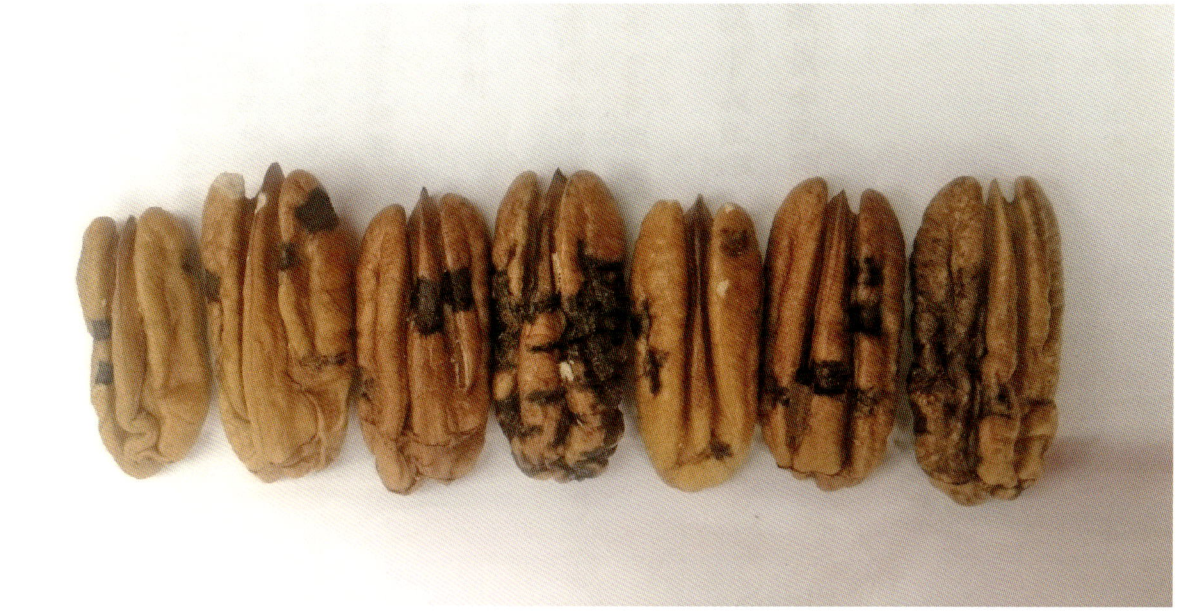

图8-26 椿象及缘蝽危害状

防治方法

薄壳山核桃不是椿象的寄主，其可寄生在黄豆、豌豆及杂草中，及时铲除园内这些作物及杂草可减少椿象的虫口密度；同时可利用园内椿象的天敌，如寄蝇、寄生蜂、蜘蛛等进行生物防治。

3. 蚧科

枣大球蚧是危害薄壳山核桃1～2年生枝条的一种害虫，危害部位主要位于梢头20 cm范围以内；枣大球蚧1年发生1代，以2龄若虫在1～2年生枝条越冬；枣大球蚧3月下旬开始活动，5月下旬至6月中旬蚧虫卵开始孵化，枣大球蚧比槐花球蚧孵化期早；10月2龄若虫固着在枝条越冬。

槐花球蚧危害1至多年生枝条，集中于侧枝梢头，严重时槐花球蚧虫体密布主干及所有侧枝。槐花球蚧也是1年发生1代，以2龄若虫集中于细枝越冬，枝条破损处及主干溃疡病病斑处亦见越冬若虫。槐花球蚧2月下旬若虫开始活动，5月下旬至6月中旬蚧虫卵开始孵化，初孵若虫爬至叶片危害，多在叶背主脉两侧，叶正面分布较少。10月2龄若虫转回枝条越冬。

蚧科的枣大球蚧与槐花球蚧均以若虫及雌成虫刺吸汁液危害，危害盛期为4月中旬至5月中旬，严重发生区有虫株率达100%。

防治方法

冬季剪除枯死枝集中烧毁，初春人工刮除雌成虫，结合使用5%柴油乳剂进行防治，若虫孵化期使用菊酯类、乐斯本等农药进行化学防治。

五、膜翅目害虫

危害薄壳山核桃的膜翅目害虫有蚁科的黑蚂蚁和叶蜂科的叶蜂。叶蜂成虫危害薄壳山核桃嫩枝干，幼虫取食薄壳山核桃叶片（图8-27）；黑蚂蚁危害薄壳山核桃的根、枝干、叶、果等。叶

图8-27　叶蜂幼虫啃食叶片

蜂的防治方法是对群集的幼虫进行人工摘除；或用溴氰菊酯对低龄幼虫进行化学防除；黑蚂蚁的防治方法是在农家肥中拌氟虫腈撒在树干四周，每年 2～3 次。

六、直翅目害虫

危害薄壳山核桃的直翅目害虫主要是斑腿蝗科的绿腿腹露蝗，其危害程度较轻。成虫直接取食叶片，危害严重时树叶会被吃光，影响树势和产量。绿腿腹露蝗 1 年发生 1 代，以卵在表土中越冬。卵多成块成堆的产在杂草较少、土壤疏松的地方。幼虫共 4 龄，2 龄起上树危害薄壳山核桃叶片。

七、蜱螨目害虫

危害薄壳山核桃的蜱螨目害虫有叶螨科的红蜘蛛。该螨刺吸叶片后，叶片初呈失绿小斑点，随后扩大连片，最后全叶变为焦黄色而脱落。

防治方法

喷洒 15%哒螨灵乳油 3 000 倍液或 5%四螨嗪乳油 2 000 倍液等。

随着气候环境的改变以及薄壳山核桃果园郁闭度的增加，还会出现新的危害薄壳山核桃的害虫，一些次要虫害也会升级为主要虫害。因此，要进一步开展薄壳山核桃虫害的调查，进行生物学、生态学等基础研究，做好预防和防治工作。

第三节 薄壳山核桃主要病害及其防治

一、主要病害统计

据统计，已报道的薄壳山核桃病害总计 22 种，其中真菌性病害 16 种、细菌性病害 3 种、线虫病害 2 种，病毒病 1 种（表 8-2）；其中以黑斑病、炭疽病、白粉病、煤污病、疮痂病危害最为严重；叶焦病、根结线虫和剑线虫等在国外危害情况比较严重，但在国内尚未被发现，因此需要对这些病害重点关注和加强检疫；黑斑病、疮痂病在通风透光不良的果园中危害比较严重，这些病害既影响叶片正常生长，也会阻碍果实发育，导致落果；轮斑病和干枯病等大多为弱寄生性真菌病害，其危害较轻。

表 8-2　薄壳山核桃主要病害

病害类型	名称	病原	危害部位	发病程度
真菌病害	枝枯病 branch rot	*Melanconium juglandinum*	枝梢	+
	溃疡病 canker	*Dothiorella gregaria*	枝干	++

（续表）

病害类型	名称	病原	危害部位	发病程度
真菌病害	腐烂病 decay	*Crytospora juglandis*	主干	++
	白粉病 powdery mildew	*Microspharea yamadai* *Phyllactinia corylea*	叶片	+++
	褐斑病 brown spot	*Marssonina juglandis*	叶片、嫩梢	++
	干腐病 dry rot	*Botryosphoeria dothidea*	主干、枝条	++
	灰斑病 graywall	*Phyllosticta juglandis*	叶片	+
	疮痂病 scab	*Fusicladium effusum*	叶片、果实	+++
	黑斑病 melasma	*Colletotrichum* spp. *Alternaria* spp *Phomopsis* spp.	叶片、果实	+++
	叶焦病 leaf scorch	*Alternaria alternata*	叶片	+
	叶斑病 leaf spot		叶片	+
	轮斑病 zonate spot		叶片	+
	煤污病 sooty mold		叶片	+
	干枯病 maldel secco		主干	+
	膏药病 lepra	*Septobasidium tanakae*	树干、枝条	+
	根腐病 root rot	*Fusarium oxysporum* *Pythium aphanidermatum*	根	++
细菌病害	黑斑病 melasma	*Xanthomonas jugladis*	叶片、果实	+++
	冠瘿病 crown gall	*Agrobacterium tumefaciens*	根、树干	+
	丛枝病 bunch disease	*Phytoplasma subgroup* Ⅲ	叶片	+
线虫病害	根结线虫病 root knot nematode	*Meloiidogyne partityla*	根	+
	剑线虫病 dagger nematode	*Xiphinema* sp.	根	+
病毒病害	花叶病 Mosaic disease	*Potato potyvirus* Y	叶片	+

注：+表示轻度危害；++表示中度危害；+++表示重度危害。

二、真菌性病害

1. 疮痂病

疮痂病，是一种真菌性病害，病原为 *Fusicladium effusum*。该病危害薄壳山核桃果实、叶片和枝条，易在潮湿的气候下发生，是美国东南部薄壳山核桃的主要病害，目前在我国也有发生。发病初期病原菌在叶片及果实上呈现黑色凹陷的斑点，随后扩大成圆形或不规则形，发病严重时，多个病斑互相连接成较大的黑色斑，病斑表面粗糙（图 8-28），影响树势及果实的发育。在高温多雨的季节、光照不足时，可加剧该病害的发生。该病的致病菌在果壳、叶轴、叶柄以及小枝上越冬，孢子通过气流传播。

图 8-28　果实感染疮痂病病症

防治方法

疮痂病发生与温度和湿度关系密切。应加强肥水管理，增强树势；降低栽培密度，或通过修剪等增加光照强度；培养抗病品种。研究发现，在果实发育早期（7—8 月），在叶面和果实表面喷洒三苯基氢氧化锡对疮痂病的控制效果较为有效。另外，可喷 4 次药剂（戊唑醇、甲基托布津、亚磷酸酯）对疮痂病进行防治，分别在授粉前（4 月）、授粉完成后（5 月底）、授粉完成 2～3 周后（6 月中旬）以及之后的 2～3 周后（6 月底），随后根据病害发生情况再进行喷施。

2. 黑斑病

该病是目前苏皖两省薄壳山核桃种植区发生较为普遍的病害，其主要危害薄壳山核桃果实和叶片，在危害部位上形成黑色病斑（图 8-29、图 8-30）。经分离鉴定，多种病原菌均能引起黑斑病。目前发现的主要病原有：炭疽菌（*Colletotrichum* spp.）、链格孢（*Alternaria* spp.）、拟茎点霉（*Phomopsis* spp.）、叶点霉（*Phoma* spp.）、拟盘多毛孢（*Pestalotiopsis* spp.）、葡萄座腔菌（*Botryosphaeria* spp.）、镰刀菌（*Fusarium* spp.），其中炭疽菌引起的黑斑病发生最广。经鉴定，引起薄壳山核桃黑斑病症状的炭疽菌主要为 *Colletotrichum nymphaeae*、*C. fructicola*、*C. fioriniae* 和 *C. siamense*。

图 8-29　炭疽菌引起的叶片黑斑

图 8-30　炭疽菌引起的果实黑斑

防治方法

根据炭疽菌的生物学特性，在4月中旬至6月中旬，需要及时进行喷雾处理。夏季高温高湿天气有利于炭疽菌侵染，导致发病程度加重。在高温高湿天气发生之后，趁病害还没发生时，选择代森锰锌、丙森锌、波尔多液等保护性药剂可以有效减少病害发生；若田间已发现零星发病，要及时喷施既可杀死果实表面病菌，又可迅速被植物体内吸传导的内吸性杀菌剂，如咪鲜胺、咯菌腈、丙环唑、多菌灵、甲基硫菌灵、戊唑醇等。果实收获后，剪除树上枯枝，清除树下枯枝落叶落果，以减少来年病原。通过药剂筛选，咪鲜胺和咯菌腈对炭疽菌的抑制效果最好，其次为戊唑醇与甲基硫菌灵。一般轻度病株喷1～2次，中度病株喷2～3次。

3. 煤污病

煤污病对薄壳山核桃的危害较大，树体感染煤污病后其叶片、枝条的表面会产生大量灰色至灰黑色霉点甚至霉层（图8-31），使得叶片正常的光合作用受到阻碍，进而影响树势、果实产量及品质。发病初期，植株体表可产生黑色烟煤状物质或覆盖绒毛状物，随后霉斑扩大并连接成片，最终形成霉层布满整个叶片、嫩枝及果实；发病后期，部分由病原菌造成的烟煤状物上会形成分生孢子器等结构，越冬后成为第2年的初侵染来源，并可造成多次的再侵染。

图8-31　薄壳山核桃叶片上不同程度的煤污病危害状

枝状枝孢（*Cladosporium cladosporioides*）、出芽短梗霉（*Aureobacidium pullulans*）和薯蓣多臂菌（*Trichomerium dioscoreae*）均可导致薄壳山核桃煤污病的发生。煤污病病原菌的孢子或者菌丝体碎片通常借助雨水或气流进行传播。煤污病发病高峰期往往和蚜虫、蚧壳虫和粉虱等刺吸式害虫的危害盛期一致。这些害虫在摄取植物汁液的同时，分泌出大量的黏性蜜露附着在叶片表面，这些富含营养物质的蜜露成为霉菌的营养来源，当孢子或者菌丝在含有蜜露的基质上萌发后，病原菌会在植株表面上生长，从而诱导煤污病的发生。该病主要由蚜虫、蚧虫诱发引起，因此应及时防治虫害。

4. 白粉病

白粉病主要发生在春秋季，其症状是叶片正、反面形成薄片状白粉层，秋季在白粉层中生成褐色至黑色小颗粒。危害叶片、枝干和新梢，高温干旱和高温高湿交替出现时发病率高。发病初期叶片上呈黄白色斑块，严重时叶片扭曲皱缩，提早脱落，影响树体正常生长。幼苗期受害时，植株矮小，顶端枯死，甚至全株死亡。

薄壳山核桃白粉病的病原菌有核桃叉丝壳菌（*Microsphaerea juglandis*）和核桃球针壳菌（*Phyllactinia juglandis*）。病菌以闭囊壳在落叶上越冬，第 2 年春季放出孢子，随气流传播，进行初次侵染。发病后产生分生孢子，经风雨传播进行再侵染，病害继续蔓延扩展，秋季形成闭囊壳。

防治方法

应合理施肥、灌水，清除病叶、病枝并集中销毁。加强管理，增强树势和抗病力，冬季进行病残体集中烧毁，可减少初次侵染病源。发病初期及生长期使用石硫合剂喷施，15 d 喷 1 次；或用 50%退菌特可湿性粉剂 1 000 倍液、25%粉锈灵 500～800 倍液连喷 2 次，10 d 喷 1 次。

5. 干腐病

干腐病是影响薄壳山核桃树木生长发育和造成果实减产的重要病害。发病初期病斑为黄褐色近圆形或不规则形，随着病害的扩展，病斑逐渐增大，有黑色液体流出，后期病斑不规则开裂，多为梭状或长椭圆形（图 8-32），并从开裂处流出汁液，随病情的发展，病菌继续侵入木质部，使木质部变黑。干腐病病原一旦定殖后，会在病部周围出现潜伏侵染的现象，甚至会深达木质部 2～3 cm。

薄壳山核桃干腐病的病原菌为 *Botryosphaeria dothidea*。干腐病菌孢子释放的高峰为 5 月，孢子从伤口或自然孔口侵入后表现明显的潜伏侵染，冬季以菌丝体在树体内越冬，第 2 年春季花期前后病菌开始活跃，突破树皮形成子实体释放孢子产生新的侵染。

图 8-32 干腐病病斑

防治方法

发病初期，可人工刮除病斑；可使用多菌灵、波尔多液等防治。

6. 腐烂病

腐烂病主要危害树干的皮层，不同树龄感病部位及病症不同。大树感病后，大量菌丝体聚集于病斑四周并隐藏于皮层中，有黑色黏液溢出。后期树皮纵裂，黑水沿裂缝流出，干后发亮。小树感病后有近菱形的暗灰色水渍状病斑，用手指按压，有带泡沫、具酒糟气味的液体渗出，在病斑上有许多散生黑点。该病的病原为胡桃壳囊孢菌（*Crytospora juglandis*）。该病菌以菌丝体或分生孢子器等在病部越冬，翌年春季分生孢子借风、雨、昆虫传播。

防治方法

加强栽培管理，提高树的抗寒、抗冻、抗病能力是防治腐烂病的根本。及时检查和刮治病斑做消毒保护，病屑集中烧毁。刮后病疤用40%福美砷可湿性粉剂50～100倍液，或50%甲基托布津可湿性粉剂50倍液，或1%硫酸铜液进行涂抹消毒。冬季刮净病疤，对树干进行涂白处理，预防冻害、虫害。4—5月在病斑处打孔或划开伤口，然后喷施50%甲基托布津或代森胺50～100倍液，每10 d喷1次，进行3次，防效可达90%以上。

7. 褐斑病

褐斑病是为害叶片、嫩梢和果实的常见病（图8-33），引起早期落叶、枯梢，影响树势和产量。核桃盘二孢（*Marssonina juglandis*）和多主棒孢霉（*Corynespora cassiicola*）均可引起薄壳山核桃褐斑病。病原菌在落叶或感病枝条的病残组织内越冬，来年春天分生孢子借风雨进行传播。5月病原菌开始初侵染，6月病原菌快速累积，因此6月是病害防治的关键时期，7—9月是病害高发期，通常从植株下部叶片开始感病，逐渐向上蔓延。

图8-33　褐斑病病症

防治方法

春季剪除主干基部的丛生枝和离地面 50 cm 以内的枝条，可减少初侵染源。晚秋及时清除病落叶并烧毁；使用 43%戊唑醇悬浮剂 5 000 倍液、12.5%烯唑醇可湿性粉剂 5 000 倍液、30%苯醚甲环唑悬浮剂 4 300 倍液等搭配杰效利（一种助吸剂）进行防治。

8. 溃疡病

薄壳山核桃溃疡病，病原菌为半知菌亚门球壳胞目的小穴壳菌（*Dothiorella gregaria*）。该病主要危害树干，发生于主干基部，随着病害发展，逐渐向上侵染树干和枝条。感病初期，受害植株皮部出现不明显的近圆形水渍状褐色病斑，韧皮部变色，之后病斑逐渐扩大，失水下陷，有时出现纵裂等现象。受害树皮韧皮部和内皮层发生腐烂坏死，后期病斑发生联合，影响养分的供给与输送。该病菌一般以菌丝体形态在寄主树皮内越冬，春季病菌的分生孢子座突破树皮，并产生大量孢子，从树体伤口形成新的侵染。戊唑醇和咪鲜胺对溃疡病都有一定的抑制效果，可将二者交替使用，并采用树干打孔注药配合刮除病斑后敷无纺布杀菌剂的方法，可有效提高防治效果。同时对果园进行综合治理，在夏、冬季将树干涂白，防止日灼和冻害；以物理除草代替使用除草剂，科学平衡施肥，改善园区的生态环境，以增强树势，提高树木的抗病能力。

三、细菌性病害

1. 黑斑病

薄壳山核桃黑斑病比较普遍，主要危害果实、叶片、嫩梢和芽。该病的病原为 *Xanthomonas jugladis*。幼果受害后，果面上出现黑褐色小斑点，无明显边缘，随后下陷并逐渐扩大成近圆形或不规则漆黑色病斑，外围有水渍状晕圈，果实由外向内腐烂。叶片受害后，在叶脉及叶脉分叉处出现黑色小斑点，逐渐扩大成近圆形或多角形黑褐色病斑，大小在 3～5 mm，外缘有半透明状晕圈，病斑在叶背面呈油渍状发亮（图 8-34）。高温高湿是黑斑病发生的先决条件。雨后病害迅速入侵扩大，多雨年份发病早而重，害虫危害多的果园发病也重。

防治方法

应选择栽培抗病品种；加强栽培管理，改良土壤，增施肥料，改善通风透光条件，提高树体抗病力，及时清除病枝、病叶、病果，减少病菌侵染源等。可在发病前喷施波尔多液以预防，每隔 20 d 左右 1 次，连续喷药 2～3 次；在植物生长的不同时期，可交替施用铜制剂+代森类、抗生素类+代森类等类型的混合药剂，能达到较好的防治效果。

图 8-34　细菌性黑斑病病症

2. 冠瘿病

薄壳山核桃冠瘿病主要危害根部和树干部分，使得局部组织出现增生，呈瘿瘤状（图 8-35）。该病主要侵染幼树，感染寄主生长逐渐减弱，但很少突然死亡。薄壳山核桃冠瘿病的病原为根癌农杆菌（*Agrobacterium tumefaciens*）。该菌在双子叶植物中具有广泛的寄主。根癌农杆菌在病瘤中、土壤中或土壤中的寄主残体内越冬，主要通过伤口侵入。病菌侵入树体的主要途径是伤口，包括嫁接、移植、修剪等所产生的伤口，以及由冻害、强风、土壤昆虫和线虫取食造成的伤口。

防治方法

该病的侵染源主要来自苗圃中被感染的植物材料，因此在种植时选择无病种苗是控制该病的关键。此外，通过苗圃地的轮作，特别是和单子叶植物的轮作也能达到有效抑制目的。防治时避免与携带有该病的繁殖材料进行嫁接，发现带病植株要及时清理，并采取相应的措施预防该病的再次发生。研究发现，土壤杆菌 K1026 可产生土壤杆菌素 A84 和 A43，可以抑制多种致病性土壤杆菌。且该生防菌可以与致病菌一同竞争寄主上有限的附着位点，从而限制致病菌的繁殖和生长。因此，薄壳山核桃冠瘿病也可尝试采用 A84 和 A43 两种土壤杆菌素进行生物防治。

图 8-35　冠瘿病病状

3. 丛枝病

薄壳山核桃丛枝病属于植原体病害，该病严重影响薄壳山核桃产量和果实质量。薄壳山核桃感病后枝条上的腋芽或不定芽大量萌发，侧枝丛生（图 8-36）。感病植株的叶片比健康植株的叶片更小、更柔软。该症状与植株由于缺磷所导致的叶片变小、质地变硬不同。感病植株的萌芽时间通常较健康植株提前 1～2 周，但在秋季会提前落叶。受害枝条当年就会枯死，下一年会长出新的感病新芽和枝条。该病的病原为 *Phytoplasma subgroup* Ⅲ。侵染源多是当地的染病植株，并通过叶蝉等昆虫在感病和健康植株间的取食进行传播。

图 8-36　丛枝病病状

防治方法

由于该病是典型的植物系统性病害，且目前还没有有效的化学药剂用于该病的防治，因此防控的重要措施是清除侵染源，即及时清除感病植株，对病残体进行集中烧毁。

四、线虫病害

1. 根结线虫病

根结线虫病主要为害薄壳山核桃的根系，受害植株根系上会出现球形或圆锥形大小不等的白色根瘤。根结主要出现在直径较短的侧根上，被害株地上部分生长矮小、缓慢、叶色变淡，结果少，产量低，甚至造成植株提早死亡。

该病的病原为 *Meloiidogyne partityla*。该线虫以雌成虫、幼虫和卵在根瘤中或土壤中越冬。2龄幼虫由根表皮侵入根内，同时分泌刺激物致根部细胞膨大形成根瘤。薄壳山核桃根结线虫病的田间传播主要依赖于水流或农具等传播，而幼虫也可随苗木调运进行远距离传播。

防治方法

严格检疫，严禁带虫苗木出圃、调运；与其他作物轮作种植；深翻土壤，对土壤进行定期消毒，降低虫口密度；及时清除感病植株和病残体。

2. 剑线虫病

该病主要病原为剑线虫属（*Xiphinema* sp.）线虫。该属线虫侵染植株的根后会引起根部的机械损伤和生理伤害，使得根系坏死肿胀，进而影响整体的养分和水分运输，使得受害植株的生长受损。

防治方法

该病主要依靠寄主植物的苗木调运或借助寄主的根围土壤进行传播。一般防治措施主要是对繁殖材料进行严格检疫，避免使用携带虫源的植株。此外，对土壤进行深翻，可加速老根和病根的死亡。适当进行轮作种植，降低线虫数量。加强对苗圃的管理，做好园区的水土管理。

第九章 薄壳山核桃的营养成分及加工利用

薄壳山核桃果实含有丰富的营养成分，包括油脂、酚类物质、维生素E、甾醇等，这些营养成分对心脑血管具有良好的保健作用，含有的抗氧化成分可消除人体产生的自由基，从而减少一些由炎症引起的慢性疾病的发生。了解营养成分组成及其在形成过程中的动态变化是食品开发、加工的基础，本章对薄壳山核桃营养成分、果实发育中营养成分变化、不同品种营养成分比较等进行概述。

第一节 营养成分概述

一、油脂

薄壳山核桃中含量最多的营养物质是油脂。薄壳山核桃果仁中油脂含量极其丰富，是含油量最高的木本油料作物之一。与之相比，作为世界优良名贵木本油料作物的油橄榄，其含油率只有30%左右。成熟的薄壳山核桃果仁中含油脂60%～75%，其含油率因品种、生长条件、成熟度以及上年生产力的不同会有些许变化。研究发现，在薄壳山核桃果实的生长发育中，早期的油脂积累量很少，但是随着果仁组织基本成型，在花后22～26周油脂开始大量累积，含量达到峰值，随后会轻微降低并趋于稳定。所以，薄壳山核桃在花后约26周油脂含量值最大。薄壳山核桃的油脂主要为甘油和脂肪酸组成的甘油三酯（triacylglycerol，TAG）。油脂中绝大部分的脂肪酸是以甘油三酯结合态存在的，脂肪酸的种类及比例与油脂品质密切相关。

1. 脂肪酸

薄壳山核桃脂肪酸组成主要有油酸（C18：1）约65%，亚油酸（C18：2）约25%，棕榈酸（C16：0）约6%，还含有少量的硬脂酸（C18：0）、亚麻酸（C18：3）、棕榈油酸（C16：1）和花生酸（C20：1），加在一起含量约占总脂肪酸的4%。此外，还含有微量的十七烷酸（C17：0）、二十碳酸（C20：0）、二十二烷酸（C22：0）和二十碳三烯酸（C22：3），总含量小于2%，其中不饱和脂肪酸的含量占总脂肪酸的90%以上，比大多数坚果油中的不饱和脂肪酸含量都高。不饱和脂肪酸是构成人体脂肪的必需脂肪酸，而其中人体是不能够合成亚油酸和亚麻酸的，必须从膳食中补充。饱和脂肪酸含量较低（<9%），在目前的研究中，比它低的只有高油酸红花油（4%～8%）和菜籽油（<7%）。薄壳山核桃及其他常见油料作物油脂肪酸组成的比较见表9-1。在薄壳山核桃的成熟过程中，伴随着油脂含量的不断增加，饱和脂肪酸和多不饱和脂肪酸的含量在明显地下降，而单不饱和脂肪酸的含量在持续增加。这在一定程度上暗示了饱和脂肪酸和不饱和脂肪酸可能存在一定的转换关系，而这一点也已经得到了研究的证实。例如，饱和脂肪酸棕榈酸（C16：0）在早期的含量达到10%左右，成熟时棕榈酸的含量只有约6%，这是由于棕榈酸是油酸合成的前体化合物，随着果实发育，一部分棕榈酸转化为油酸。研究认为，多施氮肥能够提高单不饱和脂肪酸的不饱和度，从而增加多不饱和脂肪酸的含量，导致单不饱和脂肪酸含量降低。由此可见，不仅油脂含量会因为环境等因素的不同而有所变化，脂肪酸的构成也会因为品种、施肥或者环境等因素的变化而变化。

表9-1 薄壳山核桃油与常见油料作物脂肪酸组成的比较

脂肪酸	薄壳山核桃	大豆	油菜	花生	葵花籽	油橄榄
C16：0/%	4～6	10～12	3～4	6～9	6～7	—
C18：0/%	1～2	—	1～2	3～6	2～4	—

（续表）

脂肪酸	薄壳山核桃	大豆	油菜	花生	葵花籽	油橄榄
C18：1/%	65～80	22～25	17～61	43～71	15～20	65～85
C18：2/%	20～30	50～55	13～21	13～27	60～70	3～20
C18：3/%	0～1	7～9	9～13	—	0～2	0～2

2. 甘油三酯

目前，针对薄壳山核桃甘油三酯的研究仍较少。研究者通过液相色谱-蒸发光散射-质谱联用技术，分离鉴定出薄壳山核桃油脂中的7种甘油三酯，这7种甘油三酯单体化合物分别是三亚油酸甘油酯、二亚油酸甘油酯、棕榈酸二亚油酸甘油酯、亚油酸二油酸甘油酯、棕榈酸亚油酸甘油酯、三油酸甘油酯、棕榈酸二油酸甘油酯。其中：三油酸甘油酯的相对含量最高，约21.60%；其次是亚油酸二油酸甘油酯和二亚油酸甘油酯，相对含量分别为21.48%和20.21%；含量最少的是三亚油酸甘油酯，相对含量约2.77%。

二、酚类物质

薄壳山核桃中另一类主要的活性营养物质为酚类物质。酚类物质主要分为单酚和多元酚，自然界中多以多酚的形式存在。细胞培养和动物模型技术已经充分证明了酚类物质在动物细胞中能够抑制活性氧的活动，预防多种慢性疾病，属于亲水性抗氧化物。迄今为止，在植物中已经发现5 000多种（其中有很多种类至目前为止还没有被识别和鉴定）酚类物质，这些物质不仅与色彩、芳香和风味有关，而且与食物的健康也有很大的关联。

薄壳山核桃中含有的酚类物质主要包括单宁、酚酸和黄酮类3种，这些物质因其具有较高的抗氧化特性而被广泛研究。其中单宁类主要指水解单宁和缩合单宁，水解单宁主要是由酚酸及其衍生物与葡萄糖或者是多元醇通过酯类形成的多酚，如鞣花单宁可水解形成鞣花酸，五倍子单宁可水解形成五倍子酸。食物中主要含有的单宁是缩合单宁，又名原花青素。酚酸主要包括羟基苯甲酸型、羟基肉桂酸型和鞣花酸3种类型。黄酮类属于酚类物质的另外一个子集，主要包括黄酮醇、黄酮、花青素、黄烷-3-醇、异黄酮素、黄烷酮类6类，其中坚果中主要包括黄烷-3-醇、黄酮醇和花色素苷。

通过比较杏仁、巴西栗、腰果、榛子、夏威夷果、薄壳山核桃、松子、开心果和核桃共9种坚果中酚类物质含量，得出薄壳山核桃是酚类物质含量最高的坚果之一，达2 016 mg GAE/100 g。将薄壳山核桃果仁中原花青素含量与多种坚果进行比较，发现薄壳山核桃果仁中的原花青素含量为494.05 mg/(100 g FW)，仅次于榛子的500 mg/(100 g FW)，并对其中的多聚体进行分级，得出单体、二聚体、三聚体、四聚体、六聚体和七聚体以及剩余多聚体的含量分别为17.2 mg/(100 g FW)、42.1 mg/(100 g FW)、26 mg/(100 g FW)、101 mg/(100 g FW)、84 mg/(100 g FW)、223 mg/(100 g FW)。

有研究者通过气相测定法得出薄壳山核桃品种‘斯图尔特’和‘施莱’脱脂果仁中水杨酸的衍生物五倍子酸的含量约138 μg/g，约占酚酸含量的78%。随着技术的不断进步，通过更精确的研究发现，薄壳山核桃中鞣花酸的含量高于五倍子酸的含量，鞣花酸是一种具有超强的抗氧

化能力的酚酸物质。现在的研究以为，薄壳山核桃果仁中主要的酚酸物质是鞣花酸和五倍子酸，其含量分别为 2.5～4.7 mg/g、0.6～1.3 mg/g，其次还有较微量的儿茶酸和表儿茶酸。

我国学者对杏仁、巴西栗、腰果、榛子、夏威夷果、薄壳山核桃、松子、开心果和核桃共 9 种坚果中的黄酮类含量做了测定和比较并得出，薄壳山核桃果仁中黄酮类含量约 34.01 mg/100 g，其中含花色素苷 18.02 mg/100 g、黄烷-3-醇 15.99 mg/100 g，在这 9 种坚果中含量最高。开心果位居其次，其黄酮类含量约 18.00 mg/100 g，只有薄壳山核桃含量的一半，巴西栗和夏威夷果中黄酮类的含量基本为 0。

三、维生素 E

薄壳山核桃中另一个重要的活性营养成分是维生素 E。维生素 E 是生物体内最主要的也是抗氧化能力最强的抗氧化物质，能够保护机体细胞免受自由基的伤害，也是防御油脂过氧化反应的主要成分。薄壳山核桃油脂中维生素 E 的主要功能便是作为抗氧化剂抑制多不饱和脂肪酸的氧化，从而提高油脂的稳定性，达到抗酸败、耐保存的目的。通常提到的维生素 E 是一系列脂溶性抗氧化物质的统称，包括 α-维生素 E、β-维生素 E、γ-维生素 E 和 δ-维生素 E 4 种同系物。

在薄壳山核桃果仁中维生素 E 的总含量为 10～27 mg/100 g，其中 γ-维生素 E 的含量最高，会因品种、产地和大小年等因素的不同而产生变化，采后加工和贮藏条件的不同也会导致其含量的变化。在薄壳山核桃果仁中，α-维生素 E 和 β-维生素 E 总量低于总维生素 E 含量的 5%，且品种间的含量没有显著性差异。有研究表明，在花后 20 周，薄壳山核桃果仁中维生素 E 的含量达到最大值，约 279.53 mg/kg，比成熟果实中的含量更高。薄壳山核桃成熟过程中维生素 E 含量的变化，与饱和脂肪酸含量的变化呈现出高度的一致性，都是在花后 20 周后含量逐渐降低，伴随着果实的成熟出现些许上升，随之含量达到稳定状态，不饱和脂肪酸的成分却在不断增加，这说明维生素 E 含量的变化很可能与不饱和脂肪酸的不稳定性有关。同时，维生素 E 含量的变化也可能与 4-羟苯丙酮酸二加氧酶（4-hydroxyphenylpyruvate dioxygenase，HPPD）的活性降低有关。HPPD 是一种维生素途径的关键酶，许多研究表明，HPPD 能够调控植物体内维生素的合成。

薄壳山核桃和核桃油脂中维生素 E 的含量是杏仁、巴西栗、榛子、薄壳山核桃、松子、开心果和核桃 7 种坚果中的最高的，分别是 711 mg/kg、689 mg/kg。可见薄壳山核桃油脂中的维生素 E 的含量是相当丰富的，可将其油脂作为日常维生素 E 的重要来源。

四、甾醇

薄壳山核桃油与橄榄油具有相似的油脂组成成分和维生素 E，然而薄壳山核桃油比橄榄油更耐酸败，表明薄壳山核桃的油脂中除了维生素 E 之外，还很可能有其他的抗氧化物成分在起作用，例如植物甾醇。植物甾醇属于亲脂型抗氧化物，其化学结构类似于胆固醇。它们大量存在于植物油、种子和坚果仁中，是植物油不皂化物中最主要的成分，也是健康与营养工业中的生物活性成分。

植物油中的甾醇主要被分为 4-脱甲基甾醇（4-desmethylsterols）、4α-单甲基甾醇（4α-monomethylsterols）和 4，4-双甲基甾醇（4，4-dimethylsterols）3 个主要类型（Stuchlik & Zák，2002）。薄壳山核桃油脂中的甾醇有 83%～87% 属于 4-脱甲基甾醇型，薄壳山核桃油脂中含量较多的 β-谷甾醇（β-sitosterol）、燕麦甾醇（Δ^5-avenasterol）和菜油甾醇（campesterol），

及含量较低的岩藻甾醇（fucosterol）、豆甾醇（stimasterol）和赤桐甾醇（clerosterol）等都属于这一类型；5%～6%属于4α-单甲基甾醇型，主要包括柠檬甾二烯醇（citrostadienol）和禾本甾醇（gramisterrol）2种；4，4-双甲基甾醇型的比例占7%～12%，如环阿屯醇（cycloartenol）、羽扇豆醇（lupeol）和桦木醇（betulin）等。

由于植物甾醇是一种脂溶性化合物，所以大量存在于油脂中，果仁中的相对含量较少，这里提到的果仁是没有脱脂的果仁。研究发现，薄壳山核桃果仁中植物甾醇的含量为102～184 mg/100 g，其中主要是β-谷甾醇，含量为89～117 mg/100 g，其次是燕麦甾醇，含量约15 mg/100 g，再次为菜油甾醇，含量5～6 mg/100 g，豆甾醇，含量约3 mg/100 g。薄壳山核桃甾醇含量比水果更高。人体不能合成植物甾醇，只能从食物中获取，因此薄壳山核桃可作为人们饮食结构中植物甾醇的重要来源。根据一份关于多种坚果中营养成分的比较得出，薄壳山核桃与巴西栗、夏威夷果、腰果的甾醇含量类似，在100～200 mg/100 g之间，甚至比这3种的甾醇含量都略高。

五、其他

薄壳山核桃不仅含有较高的不饱和脂肪酸、酚类物质、维生素E和植物甾醇，还含有角鲨烯和类胡萝卜素类物质。

角鲨烯为含有30个碳的直链烃类脂质不皂化物，最初是从鲨鱼的肝油中发现的，它是动植物体内所有类固醇的生物合成前体。角鲨烯是动物机体内部合成胆固醇的一种媒介，因此可预见，角鲨烯的存在可能会增加胆固醇的合成从而会提高动脉粥样硬化的风险。然而相反的是，有关试验结果显示，角鲨烯能够显著降低血胆固醇过多的病人体内的胆固醇、低密度脂蛋白和甘油三酯的含量。研究发现角鲨烯对健康有着极其重要的影响，它能够抑制啮齿动物中化学诱导的结肠癌、肺癌和皮肤癌，还有降胆固醇的功能。据报道，在巴西栗、薄壳山核桃、松子、开心果和腰果5种坚果仁中，巴西栗的角鲨烯含量最多，约1 377.8 mg/100 g，其次是薄壳山核桃约151.7 mg/100 g，含量最少的是松子，仅为39.5 mg/100 g。

类胡萝卜素类主要包括胡萝卜素和叶黄素。现代研究认为，类胡萝卜素作为日常饮食中不可或缺的一部分显示出抗氧化的潜能。而且，类胡萝卜素对于癌症、心血管疾病、白内障和黄斑变性等疾病具有一定的预防能力。研究数据显示，薄壳山核桃花后20周的油脂中，类胡萝卜素的含量达到最大值，含量约为6.18 mg/kg。

第二节　薄壳山核桃果实发育过程中营养成分的变化

一、脂肪

薄壳山核桃果仁主要成分是脂肪，脂肪含量是薄壳山核桃最重要的品质指标。脂肪含量随果实发育呈现明显的单峰曲线，果实发育初期含量较低，随着果实发育含量迅速上升，至花后145 d达到最高值，之后又有少量下降（图9-1）。

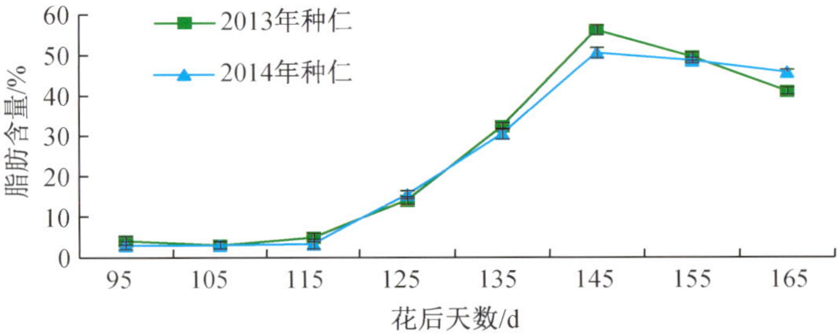

图 9-1 ‘波尼’薄壳山核桃果仁发育过程中脂肪含量变化

二、可溶性糖

一般而言，薄壳山核桃果仁口感较甜时，其油脂含量较低，这可能和可溶性糖与油脂含量呈负相关有关。薄壳山核桃果仁中可溶性糖总体随果实发育呈先上升后下降再上升的趋势，与脂肪变化趋势存在差异（图 9-2）。在脂肪含量低的阶段，可溶性糖分含量缓慢积累上升；当脂肪含量进入快速上升阶段，可溶性糖含量快速下降；花后 145 d 脂肪含量达到最高点，而可溶性糖含量达到最低点；之后，脂肪含量少量下降，可溶性糖少量上升。

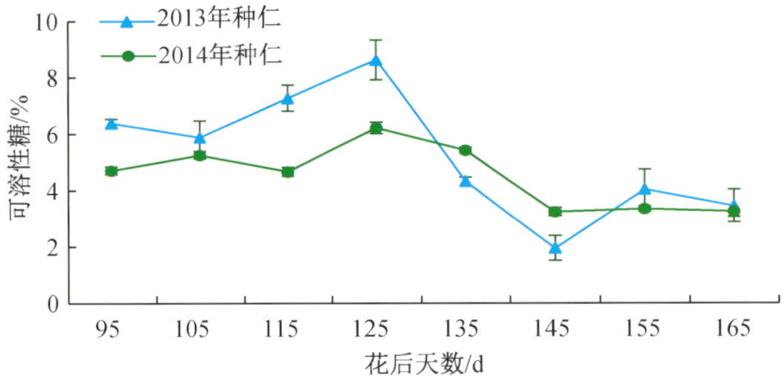

图 9-2 ‘波尼’薄壳山核桃果仁发育过程中可溶性糖含量变化

三、蛋白质

薄壳山核桃果仁中蛋白质含量总体呈现下降的趋势，花后 105～135 d 下降最快，随后趋于稳定（图 9-3）。

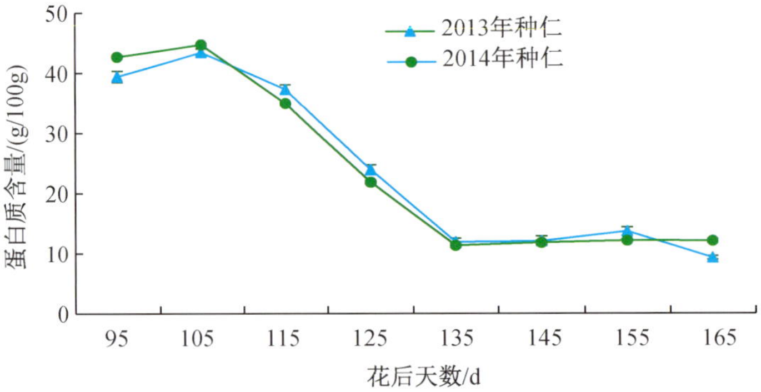

图 9-3 ‘波尼’薄壳山核桃果仁发育过程中蛋白质含量变化

四、纤维素

纤维素含量总体呈现下降趋势（图 9-4）。花后 105～135 d，果仁中纤维素含量快速下降，之后趋于平缓。

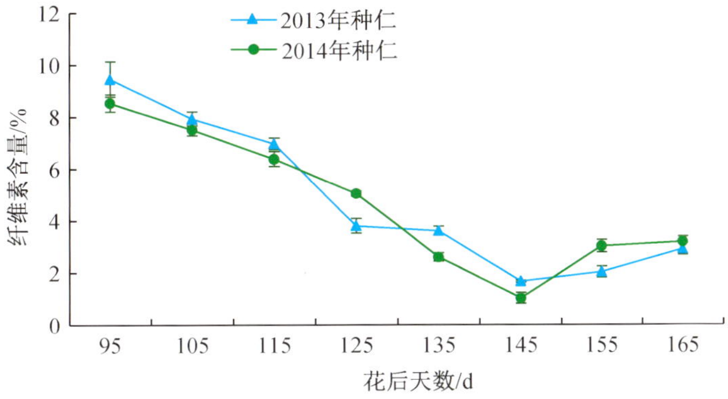

图 9-4 ‘波尼’薄壳山核桃果仁发育过程中纤维素含量变化

五、水分

花后 95～125 d 果仁含水量较高，随着果仁的迅速膨大，果仁含水量逐渐减小（图 9-5）。从外观形态上也可看出，发育前期果仁内容物完全为水状液体，所以含水量非常高，硬核期时由水状、乳状转化为脂肪和蛋白质等构成的固体，水分快速下降。

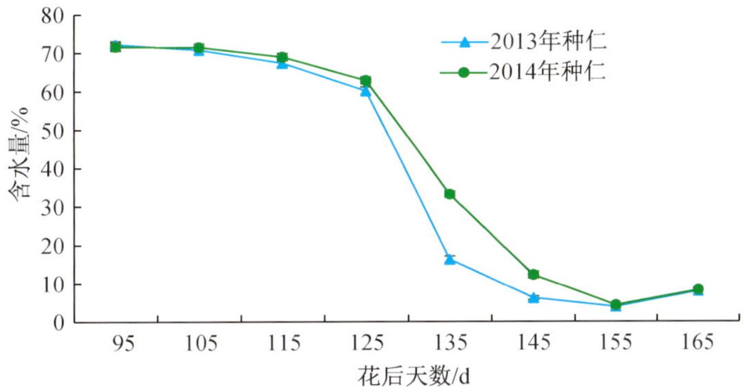

图 9-5 ‘波尼’薄壳山核桃果仁发育过程中水分含量变化

薄壳山核桃中的主要营养物质有脂肪、可溶性糖、蛋白质等。研究结果显示，果仁中脂肪含量的变化总体呈上升趋势，而可溶性糖、蛋白质、纤维素和水分与脂肪变化规律相反，呈逐渐下降的趋势。这可能是随着薄壳山核桃果仁的成熟，可溶性糖和蛋白质等物质在果仁内逐渐转化为脂肪，因此呈现出脂肪含量不断增加，可溶性糖、蛋白质等含量逐渐下降的总体趋势。硬核期高含量的糖分与果仁中胚乳的迅速增长、胚芽的发育和填充以及脂肪的合成密切相关。

六、植物甾醇

通过气质联用方法测定薄壳山核桃不同生长发育期 3 个品种（‘马罕’‘Moore’‘Burkett’）

中植物甾醇的含量变化，可以发现在薄壳山核桃果实生长发育的早期，果仁中的植物甾醇含量很高，但是随着果仁组织的分化与形成，甾醇含量也随之骤减。其中，‘马罕’在花后 20 周被检测出油中植物甾醇的含量达到 2 852.5 mg/100 g，而成熟之后油中甾醇含量只有 1 492.7 mg/100 g。成熟果仁中甾醇含量的降低原因一方面可能是与甾醇有关的酶生物活性降低，另一方面也有可能是甾醇转化成了其他的成分，例如甾烷醇，也有研究认为是转化成了油菜素内酯。品种和成熟度都是影响甾醇含量的原因。植物甾醇化学结构中 C3 位羟基是重要的活性基团，可与羧酸化合形成植物甾醇酯，甾烷醇和甾醇酯是植物甾醇的两类衍生物，它们具有比甾醇更好的脂溶性和生物活性。

七、脂肪酸

对‘波尼’不同发育时期的脂肪酸含量进行测定（表 9-2）。成熟期（花后 155 d）薄壳山核桃果仁中 5 种含量最高的脂肪酸从高到低依次为油酸（C18：$1\Delta^{9c}$，68.39%）、亚油酸（C18：$2\Delta^{9c,12c}$，22.44%）、棕榈酸（C16：0，5.63%）、硬脂酸（C18：0，1.93%）和 α-亚麻酸（C18：$3\Delta^{9c,12c,15c}$，0.96%）。这 5 种脂肪酸的总和在花后 95 d 为 41.68%，105 d 为 70.89%，115 d 为 97.16%，125～165 d 均大于 99%。油酸含量随果实发育显著上升（$p<0.05$），含量在果仁开始出现的 95 d 为 17.87%，到果仁完全成熟的 165 d 上升为 68.21%。亚油酸含量在 115 d 最高，而 α-亚麻酸含量随果实发育显著降低（$p<0.05$），95 d 为 4.34%，完全成熟时下降为 0.88%。不同研究的脂肪酸结果差异性较大。以油酸为例，含量最低的报道 40.63%，最高的为 67.47%。对不同品种薄壳山核桃的研究显示，‘威奇塔’中油酸的含量为 57.28%，而‘威斯顿’中油酸的含量为 53.38%。对墨西哥 3 个不同州种植的薄壳山核桃（品种未明确）进行研究，发现油酸含量变化范围为 60.55%～67.47%。可见，不同品种、不同种植环境等因素均会对脂肪酸的含量产生影响。

在果仁开始出现的 95 d 和 105 d 样品中还测到了其他 20 个含量较少的脂肪酸，而到了 125～165 d，仅测到了 8 个。并且与中期样品相比，成熟期样品中这些脂肪酸的含量也随果实发育显著下降（$p<0.05$）。例如，在 95 d 样品中 C15：1、C16：1 和 C17：1 的含量均大于 3%，而在成熟样品中 3 个脂肪酸的含量均低于 0.05%。在果实油脂开始形成时检测到的大量中长链脂肪酸可能正是油酸等长链脂肪酸合成的前体。而最后阶段脂肪酸含量的降低可能与随着种子成熟 β-氧化酶量及活性的增加有关。

表 9-2　薄壳山核桃‘波尼’不同发育时期果仁中脂肪酸含量的变化情况（平均值±标准差）

脂肪酸名称	果仁中脂肪酸含量/%							
	95 d	105 d	115 d	125 d	135 d	145 d	155 d	165 d
饱和脂肪酸 Saturated（SFA）								
C8：0	0.08±0.001	0.09±0.001	nd	nd	nd	nd	nd	nd
C10：0	0.14±0.003	0.11±0.001	nd	nd	nd	nd	nd	nd
C12：0	0.32±0.005	0.21±0.002	nd	nd	nd	nd	nd	nd
C13：0	0.34±0.003	0.28±0.002	nd	nd	nd	nd	nd	nd

（续表）

脂肪酸名称	果仁中脂肪酸含量/%							
	95 d	105 d	115 d	125 d	135 d	145 d	155 d	165 d
C14：0	0.20±0.001^{b}	0.40±0.001^{a}	0.05±0.005^{c}	0.02±0.002^{c}	0.03±0.001^{c}	0.03±0.001^{c}	0.03±0.001^{c}	0.04±0.002^{c}
C15：0	0.12±0.001^{a}	0.12±0.001^{a}	0.11±0.001^{a}	0.01±0.001^{a}	0.01±0.001^{a}	0.01±0.001^{a}	0.01±0.002^{a}	0.01±0.001^{a}
C16：0	3.94±0.11^{d}	13.00±0.36^{a}	9.53±0.26^{b}	4.78±0.12^{c}	4.84±0.12^{c}	5.65±0.02^{c}	5.63±0.02^{c}	5.55±0.04^{c}
C17：0	0.11±0.003^{a}	0.11±0.002^{a}	0.19±0.005^{a}	0.04±0.001^{a}	0.04±0.001^{a}	0.06±0.001^{a}	0.05±0.001^{a}	0.05±0.001^{a}
C18：0	2.01±0.04b	4.65±0.13^{a}	1.92±0.01^{b}	1.80±0.05^{b}	1.83±0.05^{b}	2.00±0.005^{b}	1.93±0.02^{b}	2.00±0.04^{b}
C20：0	0.22±0.005^{ab}	0.33±0.006^{a}	0.22±0.006^{ab}	0.08±0.002^{b}	0.08±0.002^{b}	0.09±0.001^{b}	0.08±0.001^{b}	0.09±0.002^{b}
C22：0	0.46±0.01	0.48±0.01	nd	nd	nd	nd	nd	nd
C24：0	0.17±0.001	0.16±0.001	nd	nd	nd	nd	nd	nd
单不饱和脂肪酸 Monounsaturated（MUFA）								
C14：1n-5	0.51±0.01^{a}	0.54±0.01^{a}	0.05±0.001^{b}	nd	nd	nd	nd	nd
C15：1n-5	3.90±0.11^{a}	2.57±0.05^{b}	0.30±0.01^{c}	0.04±0.001^{c}	0.04±0.001^{c}	0.03±0.001^{c}	0.02±0.001^{c}	0.02±0.001^{c}
C16：1n-7	3.47±0.09^{a}	3.14±0.08^{a}	0.34±0.01^{b}	0.07±0.002^{b}	0.07±0.001^{b}	0.09±0.001^{b}	0.08±0.002^{b}	0.02±0.001^{b}
C17：1n-7	6.59±0.12^{a}	3.42±0.08^{b}	0.97±0.02^{bc}	0.12±0.006^{c}	0.14±0.005^{c}	0.15±0.003^{c}	0.14±0.001^{c}	0.05±0.001^{c}
C18：1n-9	17.87±0.11^{g}	29.58±0.87^{f}	58.05±0.32^{e}	77.80±0.61^{a}	74.38±0.81^{b}	63.71±0.06^{d}	68.39±0.29^{c}	68.21±0.37^{c}
C20：1n-9	3.29±0.09^{a}	2.95±0.06^{a}	0.68±0.01^{b}	0.19±0.001^{b}	0.18±0.002^{b}	0.21±0.001^{b}	0.17±0.001^{b}	0.18±0.001^{b}
C22：1n-9	2.60±0.05^{a}	1.38±0.02^{b}	0.41±0.001^{b}	nd	nd	nd	nd	nd
多不饱和脂肪酸 Polyunsaturated（PUFA）								
C18：2n-6	13.52±0.38^{e}	19.41±0.58^{c}	26.28±0.84^{a}	14.43±0.29^{e}	17.19±0.48^{d}	26.80±0.03^{a}	22.44±0.18^{b}	22.88±0.32^{b}
C18：3n-3	4.34±0.09^{a}	4.25±0.11^{a}	1.38±0.03^{b}	0.77±0.01^{b}	0.77±0.01^{b}	1.05±0.004^{b}	0.96±0.005^{b}	0.88±0.01^{b}
C20：2n-6	2.49±0.05^{a}	1.42±0.02^{b}	0.38±0.01^{c}	nd	nd	nd	nd	nd
C20：4n-6	0.80±0.001	0.16±0.001	nd	nd	nd	nd	nd	nd
C20：5n-3	1.13±0.003	0.64±0.001	nd	nd	nd	nd	nd	nd
C22：2n-6	1.12±0.01	1.71±0.01	nd	nd	nd	nd	nd	nd

注：同一行中不同字母代表应用 Turkey 检验在 $p<0.05$ 水平上差异显著。nd 代表未检测到。脂肪酸：C8：0 指辛烷酸；C10：0 指癸烷酸；C12：0 指月桂酸；C13：0 指十三烷酸；C14：0 指肉豆蔻酸；C15：0 指十五烷酸；C16：0 指棕榈酸；C17：0 指十七烷酸；C18：0 指硬脂酸；C20：0 指二十烷酸；C22：0 指二十二烷酸；C24：0 指木蜡酸；C14：1n-5 指十四烷烯酸；C15：1n-5 指十五烷烯酸；C16：1n-7 指棕榈烯酸；C17：1n-7 指十七烷烯酸；C18：1n-9 指油酸；C20：1n-9 指二十烷烯酸；C22：1n-9 指二十二烷烯酸；C18：2n-6 指亚油酸；C18：3n-3 指 α-亚麻酸；C20：2n-6 指二十二烷二烯酸；C20：4n-6 指花生四烯酸；C20：5n-3 指二十碳五烯酸（EPA）；C22：2n-6 指二十二碳二烯酸。

第三节 薄壳山核桃不同品种营养成分的比较

一、含油率

14个薄壳山核桃主栽品种的含油率范围为70.08%~79.73%，平均值为74.06%（表9-3）。‘德西拉布’的果仁含油率最高，其次是‘威奇塔’和‘波尼’，分别是79.73%、77.76%和77.21%，含油率最低是‘马罕’，为70.08%。含油率品种间的变异系数为3.92%，变异程度较低。

表9-3 14个薄壳山核桃主栽品种果仁的含油率

项目		含油率
品种	‘卡多’（Caddo）/%	72.40±4.03
	‘切尼’（Cheyenne）/%	74.85±4.11
	‘契卡索’（Chickasaw）/%	70.98±2.79
	‘契可特’（Choctaw）/%	72.08±2.88
	‘德西拉布’（Desirable）/%	79.73±1.53
	‘堪萨’（Kanza）/%	71.42±5.31
	‘马罕’（Mahan）/%	70.08±4.59
	‘波尼’（Pawnee）/%	77.21±7.32
	‘斯图尔特’（Stuart）/%	72.73±6.29
	‘威斯顿’（Western）/%	75.27±5.18
	‘威奇塔’（Wichita）/%	77.76±5.76
	‘金华’/%	75.14±4.35
	‘绿宙1号’/%	75.78±5.60
	‘绍兴’/%	71.43±6.09
平均值/%		74.06
最大值/%		79.73
最小值/%		70.08
变异系数/%		3.92

二、脂肪酸

不同薄壳山核桃品种油脂中5种主要脂肪酸的变异系数分别是4.89%、12.97%、

18.18%、21.04%和19.96%，不同品种间油酸的变异系数最小，而硬脂酸与α-亚麻酸的变异系数较大（表9-4）。‘契卡索’棕榈酸含量最高，但是不饱和脂肪酸含量最低；相反，‘绿宙1号’的棕榈酸含量最低，而不饱和脂肪酸含量最高；‘德西拉布’的油酸含量是被测14个品种中最高的，且其亚油酸和α-亚麻酸含量最低；‘斯图尔特’的油酸含量最高，而亚油酸含量最低。

薄壳山核桃油脂中富含单不饱和脂肪酸和多不饱和脂肪酸，其不饱和脂肪酸含量优于茶油、核桃油、花生油、豆油等。14个供试薄壳山核桃品种的不饱和脂肪酸含量平均值为91.94%，变异系数为1.10%，可见不同品种间不饱和脂肪酸含量的变异程度较小。根据不饱和脂肪酸含量排序结果可知，不饱和脂肪酸含量最高的是‘绿宙1号’（93.72%）、其次是‘绍兴’（93.65%）、‘威斯顿’（93.34%），含量较低的有‘切尼’（91.33%）、‘金华’（91.23%）和‘契卡索’（90.09%）。健康指标相关数据显示，不饱和脂肪酸能够有效改善和降低心血管疾病的发病率，因此薄壳山核桃油脂具有很好的保健作用和市场前景，选取高不饱和脂肪酸含量的单株和品种并对其进行培育、应用和推广，具有积极的意义。

表9-4　14个薄壳山核桃主栽品种脂肪酸相对含量

项目		棕榈酸	硬脂酸	油酸	亚油酸	α-亚麻酸	不饱和脂肪酸含量
品种	‘绿宙1号’/%	3.71±0.08	2.57±0.03	68.90±1.27	23.64±0.43	1.18±0.05	93.72±1.75
	‘绍兴’/%	4.20±0.32	2.15±0.04	68.22±3.09	24.20±0.39	1.23±0.05	93.65±3.51
	‘威斯顿’（Western）/%	5.29±0.23	1.37±0.03	72.77±4.39	19.82±0.59	0.75±0.03	93.34±5.01
	‘卡多’（Caddo）/%	6.19±0.07	1.64±0.03	69.62±3.41	21.49±0.58	1.06±0.03	92.17±4.02
	‘德西拉布’（Desirable）/%	6.07±0.25	1.88±0.02	74.17±3.42	17.22±0.65	0.66±0.04	92.05±4.11
	‘威奇塔’（Wichita）/%	6.05±0.31	2.07±0.01	69.06±5.21	21.83±0.55	1.00±0.03	91.89±5.79
	‘斯图尔特’（Stuart）/%	6.27±0.08	1.96±0.02	62.09±3.08	28.48±0.28	1.20±0.05	91.76±3.41
	‘波尼’（Pawnee）/%	6.06±0.12	2.26±0.05	69.44±3.11	21.43±0.37	0.82±0.03	91.68±3.51
	‘堪萨’（Kanza）/%	5.58±0.04	2.93±0.03	70.89±4.01	19.57±0.55	1.03±0.03	91.49±4.59
	‘契可特’（Choctaw）/%	6.56±0.06	2.02±0.05	64.75±1.69	25.59±0.57	1.08±0.02	91.42±2.28
	‘马罕’（Mahan）/%	5.73±0.52	2.90±0.05	69.76±3.12	20.79±0.72	0.82±0.01	91.37±3.85
	‘切尼’（Cheyenne）/%	6.65±0.19	2.02±0.04	68.56±2.57	21.79±0.62	0.98±0.04	91.33±3.23
	‘金华’/%	6.94±0.28	1.83±0.04	67.30±2.10	23.24±0.56	0.69±0.02	91.23±2.68
	‘契卡索’（Chickasaw）/%	8.07±0.10	1.84±0.03	63.14±2.87	25.80±0.43	1.16±0.04	90.09±3.34
平均值/%		5.96	2.10	68.48	22.49	0.98	91.94
最大值/%		8.07	2.93	74.17	28.48	1.23	93.72
最小值/%		3.71	1.37	62.09	17.22	0.66	90.09
变异系数/%		18.18	21.04	4.89	12.97	19.96	1.10

三、维生素 E

14 个品种中 γ-维生素 E 含量范围为 211.99～448.92 mg/kg，δ-维生素 E 和 α-维生素 E 的含量范围分别为 1.75～18.17 mg/kg、2.86～8.56 mg/kg（表 9-5）。这三种维生素 E 含量的平均值分别为 329.95 mg/kg、9.54 mg/kg、4.48 mg/kg。样本间的变异系数分别为 20.53%、44.96%和 30.14%，结果表明品种间维生素 E 含量存在较大差异，变异类型丰富。薄壳山核桃油脂中总维生素 E 含量为 225.61～466.95 mg/kg，总含量最高的品种是‘波尼’（466.95 mg/kg），其次是‘绍兴’（430.86 mg/kg）和‘德西拉布’（400.62 mg/kg），维生素 E 含量最低的是‘堪萨’（225.61 mg/kg）。

表 9-5　14 个薄壳山核桃主栽品种中维生素 E 的含量

项目		δ-维生素 E	γ-维生素 E	α-维生素 E	总含量
品种	‘波尼’（Pawnee）/(mg·kg^{-1})	12.28±0.62	448.92±19.16	5.75±0.22	466.95±21.00
	‘绍兴’/(mg·kg^{-1})	8.01±0.59	416.64±19.16	6.21±0.36	430.86±18.11
	‘德西拉布’（Desirable）/(mg·kg^{-1})	7.83±0.41	387.27±15.77	5.52±0.16	400.62±16.34
	‘切尼’（Cheyenne）/(mg·kg^{-1})	8.76±0.29	374.72±16.53	3.15±0.31	386.64±17.13
	‘马罕’（Mahan）/(mg·kg^{-1})	10.88±0.54	370.87±17.80	4.66±0.34	386.42±18.68
	‘威奇塔’（Wichita）/(mg·kg^{-1})	5.85±0.25	347.03±17.69	4.46±0.18	357.34±18.12
	‘金华’/(mg·kg^{-1})	5.28±0.46	344.00±17.38	3.70±0.33	352.98±19.17
	‘契卡索’（Chickasaw）/(mg·kg^{-1})	8.08±0.34	325.85±18.01	5.35±0.28	339.28±18.63
	‘契可特’（Choctaw）/(mg·kg^{-1})	16.60±0.83	314.61±16.94	5.77±0.38	336.98±18.15
	‘斯图尔特’（Stuart）/(mg·kg^{-1})	11.70±0.54	288.32±16.90	8.56±0.46	308.57±17.90
	‘威斯顿’（Western）/(mg·kg^{-1})	8.93±0.38	288.54±15.71	4.01±0.29	301.48±16.38
	‘卡多’（Caddo）/(mg·kg^{-1})	18.17±0.78	260.64±12.87	4.07±0.23	282.87±13.88
	‘绿宙 1 号’/(mg·kg^{-1})	1.75±0.27	239.96±14.37	2.86±0.25	244.57±14.99
	‘堪萨’（Kanza）/(mg·kg^{-1})	9.43±0.46	211.99±14.09	4.19±0.26	225.61±14.81
平均值/(mg·kg^{-1})		9.54	329.95	4.48	344.37
最大值/(mg·kg^{-1})		18.17	448.92	8.56	466.95
最小值/(mg·kg^{-1})		1.75	211.99	2.86	225.61
变异系数/%		44.96	20.53	30.14	19.81

四、总黄酮、缩合单宁和总酚

14 个薄壳山核桃主栽品种中总黄酮含量范围 2.40～6.40（mg CE）/(g FW)，平均值为 4.18（mg CE）/(g FW)，品种间的变异系数为 26.20%（表 9-6）。缩合单宁含量范围 14.54～

35.72（mg CE）/（g FW），平均值为 24.63（mg CE）/（g FW），品种间变异系数为 26.38%。总酚含量范围 11.37～21.41（mg CE）/（g FW），平均值为 14.86（mg CE）/（g FW），品种间的变异系数为 18.99%。薄壳山核桃中总黄酮、缩合单宁与总酚含量的变化呈现出一致性，如‘马罕’的总黄酮、缩合单宁和总酚含量在供试 14 个品种中都是最高的，分别为 6.40（mg CE）/（g FW）、35.72（mg CE）/（g FW）和 21.41（mg CE）/（g FW）。其次较高的有‘卡多’和‘切尼’，酚类物质含量均较低的有‘堪萨’‘契卡索’和‘绿宙 1 号’。

表 9-6　14 个薄壳山核桃主栽品种中总黄酮、缩合单宁和总酚的含量

排序	品种	总黄酮[1]含量/[(mg CE)·(g^{-1} FW)]	品种	缩合单宁[1]含量/[(mg CE)·(g^{-1} FW)]	品种	总酚[2]含量/[(mg EAE)·(g^{-1} FW)]
1	‘马罕’(Mahan)	6.40±0.06	‘马罕’(Mahan)	35.72±1.60	‘马罕’(Mahan)	21.41±0.16
2	‘卡多’(Caddo)	5.67±0.08	‘切尼’(Cheyenne)	33.99±0.47	‘卡多’(Caddo)	19.00±0.10
3	‘切尼’(Cheyenne)	5.39±0.08	‘卡多’(Caddo)	33.83±1.30	‘切尼’(Cheyenne)	16.71±0.10
4	‘德西拉布’(Desirable)	4.45±0.27	‘德西拉布’(Desirable)	27.06±0.46	‘契可特’(Choctaw)	16.28±0.11
5	‘契可特’(Choctaw)	4.39±0.43	‘契可特’(Choctaw)	25.99±0.30	‘威斯顿’(Western)	15.18±0.15
6	‘波尼’(Pawnee)	4.37±0.29	‘威斯顿’(Western)	25.22±0.38	‘波尼’(Pawnee)	15.11±0.21
7	‘威奇塔’(Wichita)	4.17±0.16	‘金华’	23.90±0.45	‘金华’	14.19±0.06
8	‘威斯顿’(Western)	4.12±0.38	‘波尼’(Pawnee)	23.71±0.65	‘德西拉布’(Desirable)	14.08±0.07
9	‘斯图尔特’(Stuart)	3.80±0.26	‘斯图尔特’(Stuart)	23.05±0.55	‘斯图尔特’(Stuart)	14.04±0.11
10	‘金华’	3.79±0.26	‘绍兴’	21.69±0.03	‘绍兴’	14.03±0.07
11	‘绍兴’	3.68±0.03	‘契卡索’(Chickasaw)	21.32±0.60	‘威奇塔’(Wichita)	13.36±0.11
12	‘契卡索’(Chickasaw)	3.05±0.33	‘威奇塔’(Wichita)	20.10±0.30	‘绿宙 1 号’	11.86±0.06
13	‘堪萨’(Kanza)	2.83±0.06	‘绿宙 1 号’	14.65±0.43	‘契卡索’(Chickasaw)	11.40±0.13
14	‘绿宙 1 号’	2.40±0.13	‘堪萨’(Kanza)	14.54±0.36	‘堪萨’(Kanza)	11.37±0.05

总酚是酚类物质的总称，所以总酚含量的理论值应该高于总黄酮与缩合单宁的含量。但是本研究中的数值显示含量较高的是缩合单宁，造成这种现象的原因很可能是标准品的选用。前人在总酚含量测定时，选用的标准品包括绿原酸、鞣花酸、没食子酸等，因有研究表明在薄壳山核桃果仁中鞣花酸是含量最多的酚类物质，因而本试验选用了鞣花酸作为总酚测定的标准品。另外，也有报道称测定缩合单宁含量时用儿茶素作为标准品会导致结果偏高。

五、酚类物质

用高效液相色谱法对薄壳山核桃14个品种中的6种酚类物质含量进行测定和分析，结果见表9-7。被测14个薄壳山核桃品种中没食子酸的含量范围为0.02～0.17 mg/g，表没食子儿茶素（EGC）的含量范围0.02～0.51 mg/（g FW），儿茶素含量范围0.42～5.36 mg/(g FW)，表儿茶素含量范围0.64～2.54 mg/(g FW)，表没食子儿茶素没食子酸酯（EGCG）含量范围为0.22～1.42 mg/(g FW)，鞣花酸含量范围0.46～1.72 mg/(g FW)，平均值分别为0.08 mg/(g FW)、0.15 mg/(g FW)、2.89 mg/(g FW)、1.73 mg/(g FW)、0.72 mg/(g FW)、0.94 mg/(g FW)，6种酚类物质除表儿茶素外变异系数均大于30%，属于高变异型，品种间变异系数最大的是EGC（91.46%），其次是EGCG（50.75%），变异系数最小的是表儿茶素（28.37%）。薄壳山核桃14个品种中6种酚类物质平均值含量最高的是儿茶素，其次是表儿茶素、鞣花酸、EGCG、EGC，含量最低的是没食子酸。供试14个品种中，‘马罕’的EGC、表儿茶素、EGCG和鞣花酸的含量都是最高的，分别是0.51 mg/(g FW)、2.54 mg/(g FW)、1.42 mg/(g FW)、1.72 mg/(g FW)。‘威斯顿’的没食子酸含量最高，为0.75 mg/(g FW)，‘绍兴’的儿茶素含量最高，为5.36 mg/(g FW)。

表9-7　14个薄壳山核桃主栽品种中酚类物质的含量

项目		酚酸含量/[mg·(g^{-1} FW)]					
		没食子酸	表没食子儿茶素	儿茶素	表儿茶素	表没食子儿茶素没食子酸酯	鞣花酸
品种	‘卡多’（Caddo）	0.05±0.002	nd	1.86±0.015	1.24±0.006	0.63±0.011	0.73±0.008
	‘切尼’（Cheyenne）	0.10±0.004	0.02±0.001	4.15±0.047	2.32±0.014	0.86±0.010	1.08±0.012
	‘契卡索’（Chickasaw）	0.02±0.001	0.08±0.002	1.39±0.009	0.64±0.003	0.49±0.006	0.49±0.008
	‘契可特’（Choctaw）	0.06±0.002	0.17±0.003	2.81±0.036	1.61±0.008	0.93±0.012	1.08±0.013
	‘德西拉布’（Desirable）	0.06±0.002	0.08±0.002	2.48±0.030	1.91±0.009	0.75±0.010	0.91±0.010
	‘堪萨’（Kanza）	0.05±0.001	0.12±0.002	4.13±0.043	1.63±0.007	0.86±0.011	1.17±0.014
	‘马罕’（Mahan）	0.12±0.003	0.51±0.004	2.78±0.032	2.54±0.015	1.42±0.021	1.72±0.015
	‘波尼’（Pawnee）	0.12±0.003	nd	3.26±0.037	2.00±0.006	1.37±0.015	1.58±0.014
	‘斯图尔特’（Stuart）	0.05±0.001	0.05±0.001	1.82±0.013	1.46±0.003	0.22±0.008	0.83±0.008
	‘威斯顿’（Western）	0.17±0.003	0.18±0.003	0.42±0.031	1.29±0.002	0.36±0.009	0.61±0.010
	‘威奇塔’（Wichita）	0.10±0.003	nd	3.71±0.028	1.48±0.003	0.25±0.010	0.83±0.007

（续表）

项目		酚酸含量/[mg·(g⁻¹ FW)]					
		没食子酸	表没食子儿茶素	儿茶素	表儿茶素	表没食子儿茶素没食子酸酯	鞣花酸
品种	‘金华’	0.05±0.002	0.06±0.001	2.09±0.010	1.63±0.002	0.87±0.011	0.46±0.005
	‘绿宙1号’	0.11±0.003	0.07±0.001	4.21±0.026	2.25±0.016	0.70±0.013	0.85±0.010
	‘绍兴’	0.06±0.001	0.26±0.001	5.36±0.039	2.16±0.011	0.33±0.006	0.79±0.006
平均值		0.08	0.15	2.89	1.73	0.72	0.94
最大值		0.17	0.51	5.36	2.54	1.42	1.72
最小值		0.02	0.02	0.42	0.64	0.22	0.46
变异系数		49.42	91.46	44.55	28.37	50.75	37.71

第四节 薄壳山核桃的健康功效

一、对心脑血管的保健作用

早在1992年就有研究称，食用坚果可预防心血管疾病。随后，有研究团队发现经常性地食用坚果油比吃坚果对健康更有益，这很可能是因为坚果油中的不饱和脂肪酸和其他物质代替了糖类。为了证明薄壳山核桃具有上述的营养保健功能，美国心脏病学会开展了相关的研究：在23名男女受试者的饮食中加入了20%的薄壳山核桃果仁，4周后，与对照组（未加入薄壳山核桃果仁）相比，受试者的胆固醇、低密度脂蛋白、甘油三酯都明显地降低了，说明食用薄壳山核桃果仁能有效改善人体血脂环境，对人体健康有益。专家认为，这正是因为其果仁中含有大量的不饱和脂肪酸、酚类、维生素和植物甾醇等物质。

薄壳山核桃油脂富含不饱和脂肪酸，尤其是单不饱和脂肪酸的含量达到60%～70%，研究认为，富含单不饱和脂肪酸的饮食结构能够预防冠心病，同时提高高密度脂蛋白胆固醇，降低甘油三酯含量。不仅不饱和脂肪酸对心脑血管有益，甾醇和酚类物质等也是功不可没，有研究称，每天从膳食中摄入2 g植物甾醇，可降低约10%浓度的低密度脂蛋白胆固醇，随着植物甾醇的摄入，胆固醇的吸收率以及血清中的胆固醇水平也降低。可见，适量摄入薄壳山核桃对人体健康是大有裨益的。

二、抗氧化能力

在薄壳山核桃的果仁中，维生素E、酚类、植物甾醇以及角鲨烯和类胡萝卜素类物质都具有一定程度的抗氧化活性。

ORAC（oxygen radical absorbance capacity）值表示氧化自由基吸收能力，即抗氧化能力。另外，DPPH值和ABTS值也是常用于表示抗氧化能力。对不同品种的酚类、原花青素和维生素

E 的含量进行测定，通过相关性分析得出，酚类物质中原花青素是主要的存在形式，并且原花青素的含量与薄壳山核桃的抗氧化能力存在显著的相关性。说明在薄壳山核桃的果仁中，酚类物质是抗氧化的主力军。

薄壳山核桃不仅果仁具有较高的营养价值，其外壳也具有很高的利用价值，已经有很多的副产品加工以薄壳山核桃的外壳为原料。研究者测定了 7 个不同品种薄壳山核桃果仁的抗氧化能力以及总酚含量。总酚的含量范围在 62～106（mg GAE）/g，其中品种‘堪萨’总酚含量最高，‘德西拉布’总酚含量最低。ORAC 值的范围在 373～817（μmol TE）/g，其中品种‘堪萨’值最大，ORAC/TP 值约为 9.0，品种‘德西拉布’的值最小。DPPH 值的范围在 81～135（mg TE）/g，其中品种‘堪萨’值最大，‘德西拉布’的值最小。这个研究进一步说明了薄壳山核桃果仁的抗氧化能力与酚类物质的含量具有很大的关系。同时，Jose 等研究发现，薄壳山核桃果壳的抗氧化能力是果仁的 4～5 倍，例如‘堪萨’其外壳的 DPPH 值为 675（mg TE）/g。

通过对杏仁、巴西栗、榛子、薄壳山核桃、松子、开心果和核桃共 7 种坚果油（正己烷、氯仿-甲醇 2 种提取方式）抗氧化能力以及维生素 E 和酚类物质进行对比得出：在以上 7 种坚果中，薄壳山核桃油脂的总抗氧化能力（ABTS）是最强的，用正己烷提取的油脂总抗氧化能力值约 329.1 μmol TE/g；其次是核桃，达 298.0 μmol TE/g；总抗氧化值最低的是杏仁，只有 67.6 μmol TE/g。研究认为薄壳山核桃之所以抗氧化能力强，与其油脂中较高的维生素 E 含量是密不可分的。前人的研究结果表明，在薄壳山核桃的脱脂果仁中，酚类物质是最主要的抗氧化物质，在油脂中，起到主要抗氧化作用的物质是维生素 E，可见，以上 2 种物质是薄壳山核桃果实抗氧化性的重要评价指标。

三、其他应用

薄壳山核桃不仅果仁和油脂中富含抗氧化物质，其果壳中酚类物质含量比果仁中更高。体内试验发现，来自薄壳山核桃果壳中的酚类物质能够将小鼠肝脏中因注入乙醇造成的氧化胁迫的伤害降到最低。此外，将薄壳山核桃的果壳加入茶中，还能抑制戒烟过程中带来的焦虑。可见，未来可以将薄壳山核桃壳作为一种天然的抗氧化剂和抗焦虑药物进行开发。同时，由于其富含维生素 E 和多酚等抗氧化物质，还可以将其应用到护肤品和抗衰老保健品中。

第五节 薄壳山核桃的采收及贮藏

一、薄壳山核桃的采收

1. 美国薄壳山核桃采收概况

在美国，薄壳山核桃的采收方法经过上百年的实践，已经比较成熟，主要依赖一系列大型机械实现。采收一般在秋季，根据不同品种的成熟特性，在 9 月下旬至 10 月中旬进行，当该品种的大部分果实已成熟时，采用振摇机械对树上的果实进行采收（图 9-6）。振摇机械前端装有机械臂，机械臂上装有一个夹子，可以通过夹住树干并剧烈震动让果实从树上脱落。一般在夹子上会装有一定厚度的胶皮，以减少对树体的伤害。也有通过撞击树体，使果实快速从树体上脱落的机械。

掉落在地上的坚果会尽快被大小各异的收集机械收集起来。大型的收集机械在前端会有类似扫帚一样的装置，可以首先将散落的果实集中，然后收集机械上的收集器可以将果实收集起来（图 9-7）。收集后的果实会通过一系列的处理机械，将一些如枯枝、树叶、石头等杂质分拣出去，并对果实进行清洗（图 9-8）。最后就是对果实进行烘干，烘干一般采用热空气进行，可以快速并均匀地烘干水分（图 9-9）。

图 9-6　振摇机械

图 9-7　收集机械

图 9-8　果实清洁机械

图 9-9　鼓风干燥机械

2. 我国薄壳山核桃采收概况

相对来说，由于我国的产业发展较晚，目前大多采用人工采收。主要的方法就是用竹竿敲或用类似于鱼竿的前端带钩的长杆挂住树枝晃动，或上树打枝等人工的方式进行（图9-10）。在采集前一般会对地面进行清理，将一些枯枝移开，并铺好收集网布，方便对掉落的果实进行收集。随着产业的发展，我国已有部分果园采用机械方法进行采收（图9-11），相信未来机械采收的比重将会不断加大。

图 9-10　薄壳山核桃人工采收

图 9-11 薄壳山核桃机械采收

目前，在我国薄壳山核桃采收后，通常采用太阳晒干的方法进行干燥（图 9-12）。但若果实采收后立即暴晒容易引起果壳开裂，特别是对于皮薄且出仁率高的品种。这是由于刚采收时，果仁含水量仍较高，突然的暴晒导致水分迅速蒸发，进而引起果壳开裂（图 9-13）。比较妥当的做法是先室温阴干 2～3 d 后再高温晾晒。

图 9-12 薄壳山核桃干燥

图 9-13 采收后立即暴晒易引起裂果

二、薄壳山核桃的贮藏

果实采收干燥后，在售卖给消费者前往往需要贮藏一段时间，贮藏方法对果实品质有显著影响。贮藏方法得当的果实品质变化较小，品质优良，而贮藏不当的果实品质劣变，氧化变色，口感变差，严重的不适宜再食用。

1. 温度和脱壳

薄壳山核桃在带壳和低温的条件下可以保存较长时间，水分应控制在 4%以下，含水量高的薄壳山核桃容易霉变，温度应控制在 0 ℃及以下。贮藏温度越高，薄壳山核桃的货架期越短。研究发现在 20 ℃、10 ℃、0 ℃和－18 ℃条件下，带壳薄壳山核桃可分别贮藏 4、9、19 和 24 个月，而脱壳薄壳山核桃可分别贮藏 3、6、12 和 24 个月。薄壳山核桃在冷冻状态的贮藏期大于冷藏状态，但冷冻贮藏成本更高。脱壳的薄壳山核桃保存时间较带壳的短，但是带壳薄壳山核桃需要更大的贮藏空间，所以也有部分中间商会先脱壳再贮藏。

2. 种皮褐变

在采后贮藏过程中，薄壳山核桃的种皮颜色会逐渐加深，从乳白色或淡黄色逐渐变为深黄色、浅棕色直至深棕色。薄壳山核桃种皮颜色的形成和贮藏过程中的变色与诸多因素有关，其中最主要的影响因素是品种，其他的还有产地、年份和贮藏方法等。研究表明，不同品种的种皮颜色差异显著，贮藏期间带壳的薄壳山核桃不同品种间种皮变色程度差异大于不带壳的，其中‘威奇塔’的种皮颜色变深速率最快。总之，脱壳常温保存的果仁颜色变化最快，带壳低温保存

有利于延缓种皮变色。

薄壳山核桃采后贮藏过程中种皮颜色的改变是由于内部次生代谢产物的变化而导致的。研究认为，棕红色的产生可能是由于没有颜色的无色花色素被氧化，转变为鞣酐①、花青素或花翠苷。将‘斯图尔特’和‘施莱’于32 ℃、50%相对湿度贮藏16周，2个品种的无色花色素的含量差异显著，‘斯图尔特’中的含量显著高于‘施莱’，但2个品种中无色花色素的转变速率差异不显著。‘斯图尔特’的贮藏期也显著长于‘施莱’。

3. 油脂氧化

薄壳山核桃油脂在贮藏过程中不可避免地发生氧化变质。有研究表明，不饱和脂肪酸含量越低，薄壳山核桃的贮藏期越长，但不饱和脂肪酸尤其是单不饱和脂肪酸具有良好的健康价值。因此，薄壳山核桃的品种选育应平衡脂肪酸的健康价值和保存期。理想的品种应含有较高的单不饱和脂肪酸，而饱和脂肪酸和多不饱和脂肪酸含量较低。低温和低氧条件可以减缓薄壳山核桃脂肪酸的氧化变质，但完全绝氧会引起口味变差。将薄壳山核桃保存8个月，检测其中含有的油脂，结果显示，三酰甘油酯的含量几乎没有变化，而磷脂和游离脂肪酸的含量增加了，推测细胞膜上的磷脂可能是氧化反应最早的攻击目标。

① 鞣酐（phlobaphene），是一种红色的可溶于醇而不溶于水的酚类物质，可从植物中提取得到，或来源于无机酸处理的单宁提取物。

参考文献

[1] Abidi, S., 2001. Chromatographic analysis of plant sterols in foods and vegetable oils[J]. Journal of chromatography A, 935, 173-201.

[2] Adriance, G. W., 1931. Factors influencing fruit setting in the pecan[J]. Botanical Gazette, 91, 144-166.

[3] Azzi, A., Stocker, A., 2000. Vitamin E: non-antioxidant roles[J]. Progress in lipid Research, 39, 231-255.

[4] Bouali, I., Trabelsi, H., Abdallah, I. B., et al. 2013. Changes in Fatty Acid, Tocopherol and Xanthophyll Contents During the Development of Tunisian-Grown Pecan Nuts[J]. Journal of the American Oil Chemists' Society, 90, 1869-1876.

[5] Bouali, I., Trabelsi, H., et al. 2014. Analysis of pecan nut (*Carya illinoinensis*) unsaponifiable fraction. Effect of ripening stage on phytosterols and phytostanols composition[J]. Food chemistry, 164, 309-316.

[6] Chan, P., Tomlinson, et al. 1996. Effectiveness and safety of low-dose pravastatin and squalene, alone and in combination, in elderly patients with hypercholesterolemia[J]. The Journal of Clinical Pharmacology, 36, 422-427.

[7] Conner, P., 1999. The Georgia pecan breeding program[J]. Proc Southeastern Pecan Growers Assoc, pp. 77-80.

[8] Conner, P. J., 2003. Breeding for scab resistance in pecan[J]. Proceedings of the Southeastern Pecan Growers Association, 96, 47-51.

[9] de la Rosa, L. A., Alvarez-Parrilla, E., Shahidi, F., 2011. Phenolic compounds and antioxidant activity of kernels and shells of Mexican pecan (*Carya illinoinensis*)[J]. Journal of Agricultural and Food Chemistry, 59, 152-162.

[10] Do Prado, A. C. P., Aragão, et al. 2009. Phenolic compounds and antioxidant activity of Pecan [*Carya illinoinensis* (Wangenh.) C. Koch] kernel cake extracts obtained by sequential extraction[J]. Grasas y aceites, 60, 460-469.

[11] Dodge, F., 1939. Some blossoming relationships found in a study of the dichogamy of pecan varieties, Proc. Amer[J]. Soc. Hort. Sci, pp. 503-508.

[12] ed Stems, M., Roots, B., 2016. Edible Medicinal and Non-Medicinal Plants[J]. Springer.

[13] Fallico, B., Ballistreri, G., et al. 2011. Nut Bioactives: Phytochemicals and Lipid-Based Components of Brazil Nuts, Cashews, Macadamias, Pecans, and Pine Nuts[J]. Fruit and Cereal Bioactives: Sources, Chemistry, and Applications, 213.

[14] Gebhardt, S., Howe, J., et al. 2004. USDA nutrient database for standard reference[J]. release no. 16.

[15] Grauke, L., Thompson, T., Young, E., 1996. Effect of Season, Cultivar, Location, and Storage Regime on Kernel Color in Pecans[J]. HortScience, 31, 591d-591.

[16] Grauke, L., Thompson, T., et al. 1998. The effect of year, cultivar, location, and storage regime on pecan kernel color[J]. Journal of the American Society for Horticultural Science, 123, 681-686.

[17] Griel, A. E., Kris-Etherton, P. M., 2006. Tree nuts and the lipid profile: a review of clinical studies[J]. British Journal of Nutrition, 96, S68-S78.

[18] Gu, L., Kelm, M. A., Hammerstone, et al. 2004. Concentrations of proanthocyanidins in common foods and estimations of normal consumption[J]. The Journal of nutrition, 134, 613-617.

[19] Hu, L. J., Mo, Z. H., et al. 2022. First Report of Leaf Spot on *Carya illinoinensis* Caused by *Corynespora cassiicola* in China[J]. Plant Disease, PDIS-12-21-2682-PDN.

[20] Laura, A., Vazquez-Flores, A. A., et al. 2014. Content of major classes of polyphenolic compounds, antioxidant, antiproliferative, and cell protective activity of pecan crude extracts and their fractions[J]. Journal of functional foods, 7, 219-228.

[21] Müller, L. G., Pase, C. S., et al. 2013. Hepatoprotective effects of pecan nut shells on ethanol-induced liver damage[J]. Experimental and toxicologic pathology, 65, 165-171.

[22] Madden, G., Brown, E., 1973. Blossom dates of selected pecans[J]. Pecan quarterly.

[23] Maguire, L., O'sullivan, S., et al. 2004. Fatty acid profile, tocopherol, squalene and phytosterol content of walnuts, almonds, peanuts, hazelnuts and the macadamia nut[J]. International journal of food sciences and nutrition 55, 171-178.

[24] Malik, N. S., Perez, et al. 2009. Phenolic compounds and fatty acid composition of organic and conventional grown pecan kernels[J]. Journal of the Science of Food and Agriculture, 89, 2207-2213.

[25] Manning, W. E., 1940. The morphology of the flowers of the Juglandaceae. II. The pistillate flowers and fruit[J]. American Journal of Botany, 839-852.

[26] Miraliakbari, H., Shahidi, F., 2008. Antioxidant activity of minor components of tree nut oils [J]. Food Chemistry, 111, 421-427.

[27] Morgan, W. A., Clayshulte, B. J., 2000. Pecans lower low density lipoprotein cholesterol in people with normal lipid levels[J]. Journal of the American Dietetic Association, 100, 312-318.

[28] Prohens, J., Nuez, F., Carena, M. J., 2008. Handbook of plant breeding[M]. Springer.

[29] Rajaram, S., Burke, K., et al. 2001. A monounsaturated fatty acid-rich pecan-enriched diet favorably alters the serum lipid profile of healthy men and women[J]. The Journal of nutrition, 131, 2275-2279.

[30] Reckziegel, P., Boufleur, et al. 2011. Oxidative stress and anxiety-like symptoms related to withdrawal of passive cigarette smoke in mice: beneficial effects of pecan nut shells extract, a by-product of the nut industry[J]. Ecotoxicology and Environmental Safety, 74, 1770-1778.

[31] Robbins, K. S., Gong, Y., et al. 2015. Investigation of the antioxidant capacity and phenolic constituents of US pecans[J]. Journal of Functional Foods, 15, 11-22.

[32] SENTER, S., WILSON, R. L., 1983. Cultivar, processing, and storage effects on pecan kernel color[J]. Journal of Food Science, 48, 1646-1649.

[33] Shi, H., Zhang, et al. 2015. First report of Pestalotiopsis microspora as a causal agent of black spot of pecan (*Carya illinoinensis*) in China[J]. Plant Disease, 99, 1276-1276.

[34] Smith, M. W., 2009. Partitioning phosphorus and potassium in pecan trees during high-and low-crop seasons[J]. Journal of the American Society for Horticultural Science, 134, 399-404.

[35] Thompson, T. E., Grauke, L. J., 1991. Pecans and other hickories (*Carya*)[J]. Genetic Resources of Temperate Fruit and Nut Crops, 290, 839-906.

[36] Thompson, T. E., Young, F., 1985. Pecan cultivars: Past and present[J].

[37] Toro-Vazquez, J., Charó-Alonso, M., et al. 1999. Fatty acid composition and its relationship with physicochemical properties of pecan (*Carya illinoensis*) oil[J]. Journal of the American Oil Chemists' Society, 76, 957-965.

[38] Venkatachalam, M., Kshirsagar, et al. 2007. Biochemical composition and immunological comparison of select pecan [*Carya illinoinensis* (Wangenh.) K. Koch] cultivars[J]. Journal of agricultural and food chemistry, 55, 9899-9907.

[39] Venkatachalam, M., Sathe, S. K., 2006. Chemical composition of selected edible nut seeds [J]. Journal of agricultural and food chemistry, 54, 4705-4714.

[40] Villarreal-Lozoya, J. E., Lombardini, et al. 2007. Phytochemical constituents and antioxidant capacity of different pecan [*Carya illinoinensis* (Wangenh.) K. Koch] cultivars[J]. Food Chemistry, 102, 1241-1249.

[41] Wakeling, L. T., Mason, et al. 2001. Composition of pecan cultivars Wichita and western Schley [*Carya illinoinensis* (Wangenh.) K. Koch] grown in Australia[J]. Journal of agricultural and food chemistry, 49, 1277-1281.

[42] Wells, L., 2017. Pecan: America's Native Nut Tree[D]. University of Alabama Press.

[43] Wetzstein, H., Sparks, D., 1989. Stigma: pollen interactions in pecan[J]. Journal of the American Society for Horticultural Science (USA).

[44] Wood, B. W., 2001. Production unit trends and price characteristics within the United States pecan industry[J]. HortTechnology, 11, 110-118.

[45] Worley, R. E., 2002. Compendium of pecan production and research[J]. Edwards Bros.

[46] Wu, X., Beecher, G. R., et al. 2004. Lipophilic and hydrophilic antioxidant capacities of common foods in the United States[J]. Journal of agricultural and food chemistry, 52, 4026-4037.

[47] Yang, J., 2009. Brazil nuts and associated health benefits: A review[J]. LWT-Food science and technology, 42, 1573-1580.

[48] Zhang, J. Y., Guo, et al. 2015. Auxin type, auxin concentration, and air and substrate temperature difference play key roles in the rooting of juvenile hardwood pecan cuttings[J]. HortTechnology, 25, 209-213.

[49] 白满英,张金诚,崔育京,2003. 橄榄油的开发应用[J]. 粮油食品科技,11,31-33.

[50] 陈文霞,吴文浩,彭方仁,2016. 江苏丘陵地区薄壳山核桃适宜栽培模式及其产业发展对策[J]. 江苏林业科技,53-57.

[51] 陈友吾,叶华琳,沈建军,等,2015. 浙江省美国山核桃害虫及天敌资源调查[J]. 浙江林业科技,35,54-59.

[52] 董贝,王建东,李月岑,等,2016. 不同类型药剂对核桃黑斑病的防治效果及增产效果[J]. 安徽农业科学,44,196-197.
[53] 董凤祥,王贵禧,2003. 美国薄壳山核桃引种及栽培技术[M]. 北京:金盾出版社.
[54] 董润泉,2002. 美国薄壳山核桃果实发育研究[J]. 云南林业科技,66-70.
[55] 葛吕琴,王春茂,2003. 美国薄壳山核桃虫瘿的防治[J]. 浙江林业,33.
[56] 韩明慧,彭方仁,邓秋菊,等,2017. 薄壳山核桃雌雄花芽分化外部形态与内部结构的关系[J]. 南京林业大学学报:自然科学版,41,7.
[57] 何海洋,彭方仁,李小飞,等,2015. 薄壳山核桃果园虫害调查分析[J]. 江苏林业科技,42,10-14.
[58] 侯冬培,习学良,石卓功,2007. 我国薄壳山核桃研究概况[J]. 山东林业科技,53-55.
[59] 胡芳名,谭晓风,刘惠民,2006. 中国主要经济树种栽培与利用[M]. 北京:中国林业出版社.
[60] 胡正发,谢庆梅,2016. 安徽薄壳山核桃水肥管理技术初探[J]. 园艺与种苗,42-43.
[61] 黄胜根,邵慰忠,麻建强,等,2004. 薄壳山核桃瘤蚜的发生规律及其防治[J]. 浙江林业科技,24,32-33.
[62] 贾晓东,罗会婷,翟敏,等,2015. '波尼' 薄壳山核桃果实发育动态分析[J]. 果树学报,247-253.
[63] 焦晓旭,陈鹏,苏一,等,2012. 诱虫灯在防治经济林害虫中的应用研究[J]. 林业实用技术,37-39.
[64] 巨云为,曹霞,叶健,等,2019. 美国薄壳山核桃虫害研究综述[J]. 中国森林病虫,33,29-34.
[65] 巨云为,赵盼盼,黄麟,等,2015. 薄壳山核桃主要病害发生规律及防控[J]. 南京林业大学学报:自然科学版,39,6.
[66] 李俊南,熊新武,习学良,等,2015. 薄壳山核桃发枝结果习性及修剪试验初报[J]. 林业与生态科学,30,256-259.
[67] 李永荣,翟敏,郭忠仁,等,2013a. 薄壳山核桃种子晚冬早春高温催芽技术[J]. 中国园艺文摘,29,202-203.
[68] 李永荣,翟敏,张计育,等,2014. 薄壳山核桃实生苗侧根发生的育苗技术[J]. 林业实用技术,31-32.
[69] 李永荣,勒栋梁,2015. 薄壳山核桃果用林产业发展思考及栽培关键技术[J]. 林业科技开发,29,1-4.
[70] 李永荣,吴文龙,方亮,等,2010. 实生起源的仁用薄壳山核桃优株初步筛选[J]. 林业科技开发,24,84-87.
[71] 李永荣,吴文龙,刘永芝,2009. 薄壳山核桃种质资源的开发利用[J]. 安徽农业科学,13306-13308.
[72] 李永荣,张计育,翟敏,等,2013b. 薄壳山核桃冬季休眠接穗夏季嫁接的"∠"形插皮接技术[J]. 中国南方果树,42,131.
[73] 李永荣,张计育,翟敏,等,2013c. 南京地区薄壳山核桃高效嫁接育苗技术[J]. 现代农业科技,75.
[74] 李永荣,张计育,桑晓峰,等,2015. 薄壳山核桃与油用牡丹木本"双油"套作栽培模式与前景分析[J]. 现代农业科技,172.

[75] 刘广勤,吴志华,张勇,等,2009. 薄壳山核桃早果丰产栽培技术[J]. 落叶果树,47-49.

[76] 刘雨,常君,任华东,等,2018. 薄壳山核桃雌花发育的解剖学研究[J]. 西南大学学报:自然科学版,40,32-37.

[77] 柳鎏,孙醉君,1986. 中国重要经济树种[M]. 北京:科学技术出版社.

[78] 罗会婷,贾晓东,翟敏,等,2017. 76 株薄壳山核桃实生单株的果实品质差异及综合评价[J]. 植物资源与环境学报,26,47-54.

[79] 马骧,朱灿灿,2016. 苏南丘陵地区薄壳山核桃幼林与白茶复合栽培技术[J]. 现代农业科技,62-63.

[80] 莫正海,张计育,翟敏,等,2013. 薄壳山核桃在南京的开花物候期观察和比较[J]. 植物资源与环境学报,22,57.

[81] 彭方仁,2014. 美国薄壳山核桃产业发展现状及对我国的启示[J]. 林业科技开发,28,1-5.

[82] 彭方仁,李永荣,郝明灼,等,2012. 我国薄壳山核桃生产现状与产业化发展策略[J]. 林业科技开发,26,1-4.

[83] 戚钱钱,陈秀龙,时浩杰,等,2019. 薄壳山核桃病虫害调查及主要病虫害防治关键技术[J]. 中国森林病虫,35,30-33.

[84] 汤成文,郭斌,2012. 连云港地区种植薄壳山核桃的研究价值[J]. 价值工程,31,287-288.

[85] 吴国良,张凌云,潘秋红,等,2003. 美国山核桃及其品种性状研究进展[J]. 果树学报,20,404-409.

[86] 吴克强,任洪海,2015. 适宜在云南种植的美国薄壳山核桃优良品种[J]. 云南林业,66-68.

[87] 吴文龙,闾连飞,2003. 薄壳山核桃的引种栽培[J]. 江苏林业科技,30,11-13.

[88] 习学良,范志远,邹伟烈,等,2006. 10 个美国山核桃品种的引种研究初报[J]. 浙江农林大学学报,23(4),382-387.

[89] 夏培兴,2016. 皖北地区长山核桃病虫害的种类及防治[J]. 安徽林业科技,42,31-34.

[90] 徐宏化,程慧,王正加,等,2016. 美国山核桃总多酚与总黄酮含量及抗氧化活性[J]. 核农学报,72-78.

[91] 许培源,袁博,左飞,等,2014. 薄壳山核桃仁油甘油三酯成分分离鉴定[J]. 食品科学,35,159-163.

[92] 杨建华,李淑芳,习学良,2007. 美国山核桃主要虫害及防治方法[J]. 江西林业科技,30-31.

[93] 杨康,2016. 美国山核桃在渝东南地区的生态适应性与开发利用研究[D]. 西南大学.

[94] 姚小华,常君,王开良,等,2014. 中国薄壳山核桃[M]. 北京:科学出版社.

[95] 姚小华,王开良,任华东,等,2004. 薄壳山核桃优新品种和无性系开花物候特性研究[J]. 江西农业大学学报,26,675-680.

[96] 张计育,翟敏,郭忠仁,等,2013. 薄壳山核桃生产果园间作石蒜属植物栽培模式与前景分析[J]. 农业科技通讯,234-236.

[97] 张计育,李永荣,郭忠仁,2015a. 薄壳山核桃实生园高换改良复壮技术[J]. 中国南方果树,44,128.

[98] 张计育,李永荣,宣继萍,等,2014. 美国和中国薄壳山核桃产业发展现状分析[J]. 天津农业科学,20,47-51.

[99] 张计育,王刚,李永荣,等,2015b. 夏季短截对薄壳山核桃'波尼'萌芽数和成枝力的影响[J]. 中国农学通报,31,124-127.

[100] 张日清,李江,吕芳德,等,2003. 我国引种美国山核桃历程及资源现状研究[J]. 经济林研究,21,107-109.

[101] 张日清,吕芳德,2002. 美国山核桃在原产地分布,引种栽培区划及主要栽培品种分类研究概述[J]. 经济林研究,20,53-55.

[102] 张日清,吕芳德,何方,2001a. 美国山核桃及其在我国的适应性研究[J]. 江苏林业科技,28,45-47.

[103] 张日清,吕芳德,何方,2001b. 美国山核桃引种栽培区划研究Ⅰ原生境与新生境自然条件比较[J]. 中南林学院学报,21,1-5.

[104] 张日清,吕芳德,何方,等,2002a. 美国山核桃引种栽培区划研究——Ⅱ前期引种效果[J]. 中南林学院学报,22,17-20.

[105] 张日清,吕芳德,何方,等,2002b. 美国山核桃引种栽培区划研究Ⅲ区划结果与分区描述[J]. 中南林业科技大学学报,14-19.

[106] 张日清,吕芳德,张勖,等,2005. 美国山核桃在我国扩大引种的可行性分析[J]. 经济林研究,23,1-10.

[107] 周平,叶健,曹霞,等,2015a. 美国薄壳山核桃警根瘤蚜的空间分布[J]. 林业科技开发,29,120-123.

[108] 周平,叶健,窦全琴,等,2015b. 薄壳山核桃警根瘤蚜的虫瘿发育过程分析[J]. 南京林业大学学报:自然科学版,58,26.

[109] 朱苏堂,钮小迎,魏玉桂,2013. 薄壳山核桃无公害高效栽培技术[J]. 国土绿化,34-35.

[110] 邹伟烈,习学良,范志远,等,2010. 薄壳山核桃引种云南弥渡的表现及栽培技术要点[J]. 中国南方果树,39,61-64.

[111] 左继林,詹荣达,张时煌,2013. 美国薄壳山核桃引种幼龄期生态适应性的初步研究[J]. 江西林业科技,11-13.

[112] 左继林,张时煌,2013. 赣选美国薄壳山核桃幼树年生长节律[J]. 江西农业学报,25,44-46.

附图

图 1　江苏省农业科学院院内实生大树

图 2　江苏南京寺庙内实生大树

图 3　江苏扬州实生树

图 4　江西省林业科学院院内实生大树

图 5　浙江建德林场园内实生树

图 6　安徽黄山林科所园内实生树

图 7　江西省林业科学院资源圃内“波尼”品种

图 8　江西上高实生树

图 9　江西石城实生大树

图 10　江苏水木农景公司示范基地

图 11　江苏泗洪碧水生态示范园

图 12　江苏泗洪碧水生态公司大树建园

图 13　江苏泗洪金海岸丰产示范园

图 14　江苏泗洪科晖公司示范园

图 15　江苏响水万亩示范园

图 16　江苏新沂丰产示范园

图 17　江苏配套滴灌的标准示范园

图 18　安徽佳烨示范园

图 19　安徽富美达示范园

图 20　安徽农景公司定远示范园

图 21　安徽全椒绿兴园公司示范园

图 22　安徽全椒荣鸿示范园

图 23　江西万载丘陵山地示范园

图 24　江西林科院示范基地

图 25　山东济宁标准高秆栽培基地

图 26　福建邵武示范园

图 27　湖北广水示范园

图 28　江苏南京中山植物园水渠边种植

图 29　湖南靖州山地栽培示范园

图 30 江苏泗洪宅旁种植

图 31　江西万载庭院种植

图 32　江西鹰潭红壤地栽培

图 33　云南普洱房前屋后种植

图 34　云南普洱零星栽植

图 35　云南漾濞山地栽培

图 36　云南玉溪山地栽培

图 37　贵州锦屏山地栽培

图 38　贵州锦屏山地栽培

图 39　安徽全椒行道树

图 40　安徽全椒园区行道树

图 41　江苏泗洪科晖公司丰产单株

图 42　江苏省中国科学院植物研究所（南京中山植物园）行道树

致读者

社会主义的根本任务是发展生产力，而社会生产力的发展必须依靠科学技术。当今世界已进入新科技革命的时代，科学技术的进步已成为经济发展、社会进步和国家富强的决定因素，也是实现我国社会主义现代化的关键。

科技出版工作肩负着促进科技进步、推动科学技术转化为生产力的历史使命。为了更好地贯彻党中央提出的“把经济建设转到依靠科技进步和提高劳动者素质的轨道上来”的战略决策，进一步落实中共江苏省委、江苏省人民政府作出的“科教兴省”的决定，江苏凤凰科学技术出版社有限公司（原江苏科学技术出版社）于1988年倡议筹建江苏省科技著作出版基金。在江苏省人民政府、江苏省委宣传部、江苏省科学技术厅（原江苏省科学技术委员会）、江苏省新闻出版局负责同志和有关单位的大力支持下，经江苏省人民政府批准，由江苏省科学技术厅（原江苏省科学技术委员会）、凤凰出版传媒集团（原江苏省出版总社）和江苏凤凰科学技术出版社有限公司（原江苏科学技术出版社）共同筹集，于1990年正式建立了“江苏省金陵科技著作出版基金”，用于资助自然科学范围内符合条件的优秀科技著作的出版。

我们希望江苏省金陵科技著作出版基金的持续运作，能为优秀科技著作在江苏省及时出版创造条件，并通过出版工作这一平台，落实“科教兴省”战略，充分发挥科学技术作为第一生产力的作用，为全面建成更高水平的小康社会、为江苏的“两个率先”宏伟目标早日实现，促进科技出版事业的发展，促进经济社会的进步与繁荣做出贡献。建立出版基金是社会主义出版工作在改革发展中新的发展机制和新的模式，期待得到各方面的热情扶持，更希望通过多种途径不断扩大。我们也将在实践中不断总结经验，使基金工作逐步完善，让更多优秀科技著作的出版能得到基金的支持和帮助。

这批获得江苏省金陵科技著作出版基金资助的科技著作，还得到了参加项目评审工作的专家、学者的大力支持。对他们的辛勤工作，在此一并表示衷心感谢！

江苏省金陵科技著作出版基金管理委员会